Duden

So schreibe ich fehlerfrei in der Grundschule

Das Übungsbuch für eine sichere Rechtschreibung

5., aktualisierte Auflage

Dudenverlag
Berlin

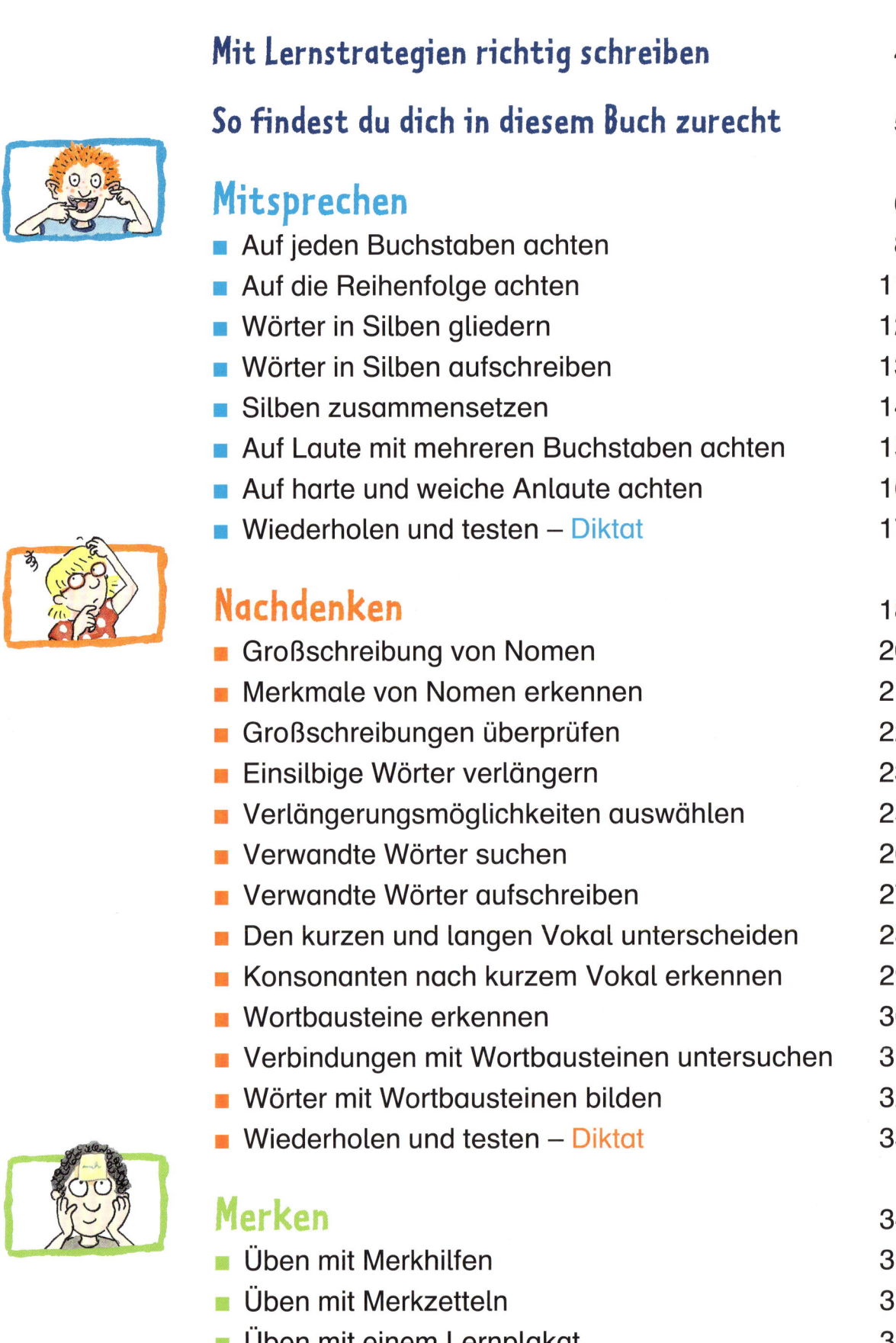

Mit Lernstrategien richtig schreiben

Diese fünf Kinder zeigen dir, wie du vorgehen musst, um Wörter selbstständig und richtig zu schreiben. Jedes Kind erklärt dir eine wichtige Lernstrategie.

Die fünf Strategien heißen:

 **Mitsprechen** – Wörter deutlich mitsprechen

 **Nachdenken** – Über Wörter nachdenken und Regeln anwenden

 **Merken** – Merkwörter üben, wiederholen und sich einprägen

 **Nachschlagen** – Wörter im Wörterbuch nachschlagen

 Kontrollieren – Wörter genau kontrollieren

Um diese fünf Lernstrategien sicher und erfolgreich anwenden zu können, brauchst du sehr viel Übung. Trainiere sie also regelmäßig, zum Beispiel jeden Tag 15 Minuten.

Das Training lohnt sich. Denn danach kannst du die Strategien wie ein Werkzeug benutzen, um deine Diktate und andere Texte richtig aufzuschreiben und genau zu überprüfen.

So findest du dich in diesem Buch zurecht

 Jedes der fünf Kapitel beginnt mit einer Doppelseite, auf der eine Lernstrategie vorgestellt wird. Dort zeigt dir jeweils ein Kind, wie du vorgehen und welche Fragen du dir stellen musst. Lies diese Seiten gründlich durch – auch die Beispiele.

 Nach jeder dieser Doppelseiten folgen immer einige Seiten mit Übungen. Auf diesen Seiten wendest du Rechtschreibregeln und Übungstipps an.

 Jedes Kapitel schließt mit einer Wiederholung, einem Diktat ab. Hier kannst du testen, was du gelernt hast.

 Die Lösungen der Übungen findest du im Lösungsteil (ab Seite 70). Vergleiche und überprüfe deine Arbeitsergebnisse damit.

 Beim Üben unterstützen dich die Kontrollkarte (Seite 79) und die Liste der wichtigsten Fachbegriffe (Seite 78).

 Alle Wörter richtig zu schreiben, geht nicht ohne Wörterbuch. Es sollte immer in deiner Nähe liegen. Du kannst wählen, welches Wörterbuch du benutzt. Besonders gut zu diesem Übungsbuch passt „Das Grundschulwörterbuch" von Duden.

Mitsprechen

Beim Schreiben leise mitzusprechen und dabei jeden Laut und jede Silbe genau abzuhören, hilft dir, Wörter richtig zu schreiben.

Auf jeden Buchstaben achten

Beim Aufschreiben spreche ich Laut für Laut leise mit.

die L-a-m-p-e
der A-n-o-r-a-k
die K-a-s-t-a-n-i-e

Gibt es im Wort ein **r**, das schwer zu hören ist?

sch**w**a**r**z, a**r**beiten,
das Wo**r**t, der Stu**r**m

Höre ich mehrere Konsonanten hintereinander?

das **Kr**okodil, der **Tr**opfen,
die **Pfl**anze, die **Bl**ume
grau, **kl**ein
klatschen, **kr**eischen

Wörter in Silben gliedern

Ich gliedere die Wörter in Silben, höre sie ab und schreibe sie auf.

die Ro bo ter spra che

die Scho ko la den fa brik

die Ba na nen scha le

Auf Laute mit mehreren Buchstaben achten: Sp/sp, St/st, Qu/qu

Gibt es Laute, die anders gesprochen werden, als man sie schreibt?

spielen, der **Sp**agat – **sp, Sp** schp

stehen, der **St**ern – **st, St** scht

quer, die **Qu**al – **qu, Qu** kw

Harte und weiche Anlaute unterscheiden: B/b – P/p, D/d – T/t, G/g – K/k?

t...

Was spüre ich beim deutlichen Sprechen? Ich achte auf den Luftstrom.

danken	**t**anken
backen	**p**acken
Deich	**T**eich
Garten	**K**arten
Gabel	**K**abel

Auf jeden Buchstaben achten

Achte beim Schreiben genau auf die Reihenfolge der Buchstaben.
Dann vergisst du keinen.

❯ Ich schreibe Buchstabe für Buchstabe auf und spreche dabei leise mit.

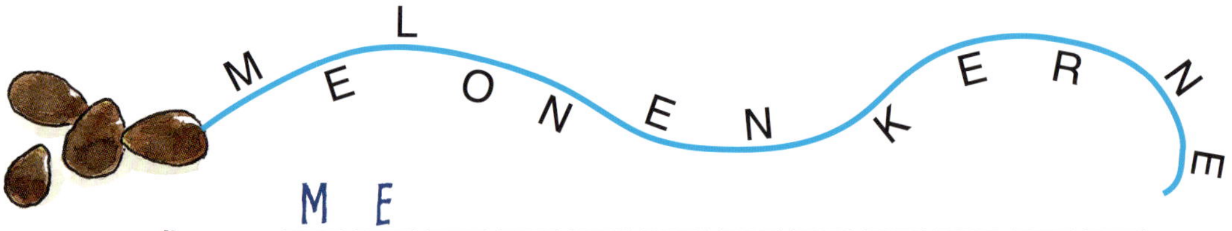

M E L O N E N K E R N E

M E _ _ _ _ _ _ _ _ _ _ _

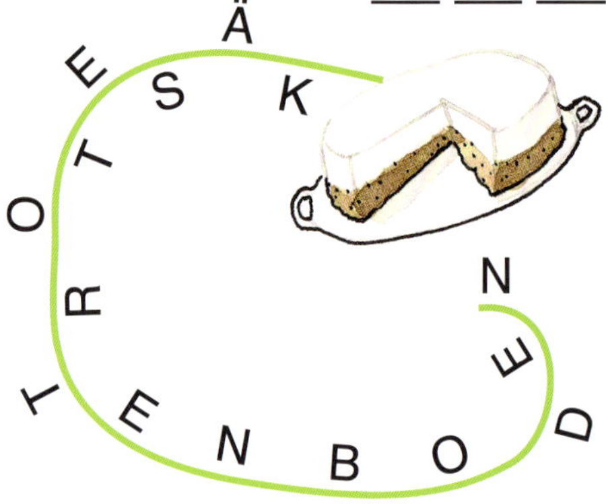

T R O T E S Ä K N E N B O D E N

G E M Ü S E K I S T E

_ _ _ _ _ _ _ _ _ _ _ _ _

E L E F A N T E N K I N D E R

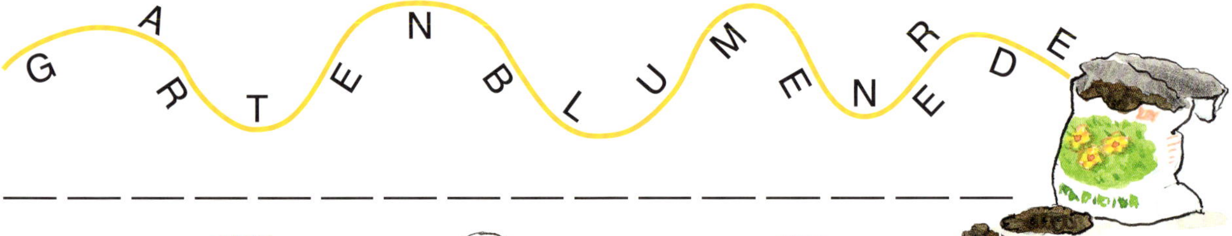

_ _ _ _ _ _ _ _ _ _ _ _ _ _

G A R T E N B L U M E N E R D E

_ _ _ _ _ _ _ _ _ _ _ _ _ _ _

N R Ä D E R N E G A W K I N D E R

R E G E N W O L K E N

_ _ _ _ _ _ _ _ _ _

_ _ _ _ _ _ _ _ _ _ _ _ _

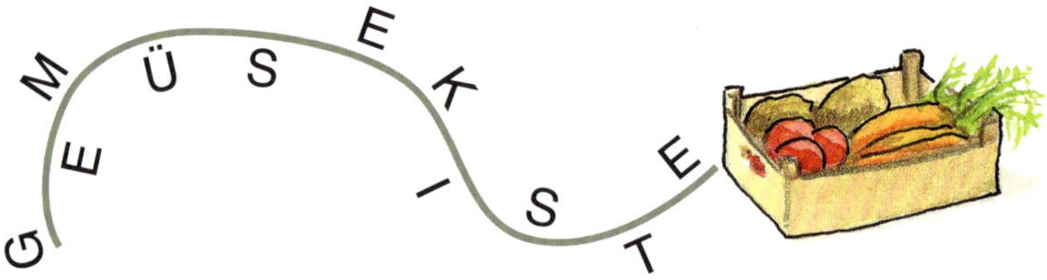

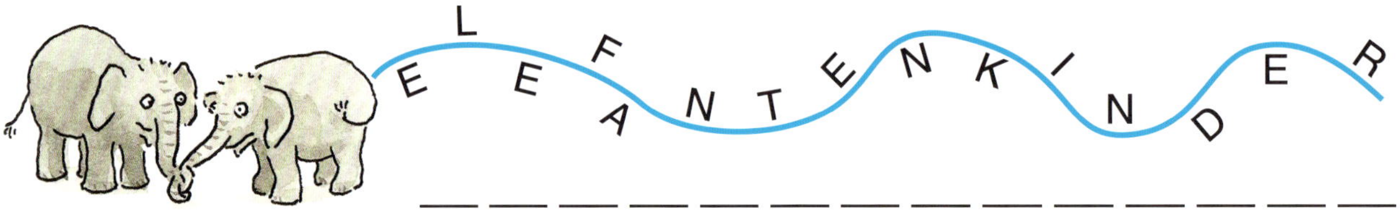

Auf jeden Buchstaben achten

> Ich lese den Satz, der in der Schlange steht, und übertrage ihn Buchstabe für Buchstabe in die Kästchen.

SCHILDKRÖTEN. LEBENSCHLANGEN, KROKODILE UND REPTILIEN HAUS

Auf jeden Buchstaben achten

> Ich lese jedes Wort genau und streiche die überflüssigen Buchstaben durch. In die Kästchen trage ich die Wörter verbessert ein.
> Die überflüssigen Buchstaben ergeben ein Lösungswort.

Oskar hat ein/en Kanaorienvogel. Er heißt Caruso.

Er zwitschgert und trillert den ganezen Tag.

Er ist ein toller Sängerl. Oft singt er sehr klaut.

Heuäte hat er sofgar versucht, den Staubisauger zu übertöngen.

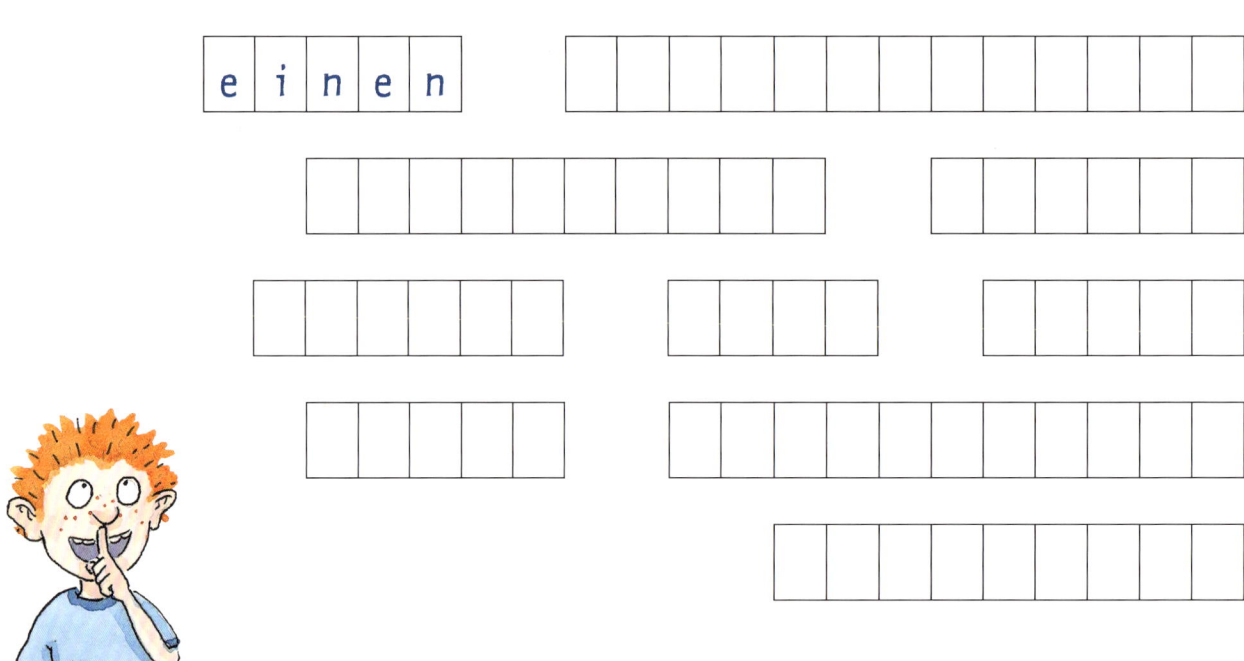

| e | i | n | e | n |

Das Lösungswort heißt: __ __ __ __ __ __ __ __ __ __

> Ich schreibe die Buchstaben in der richtigen Reihenfolge in die Kästchen und spreche deutlich mit.

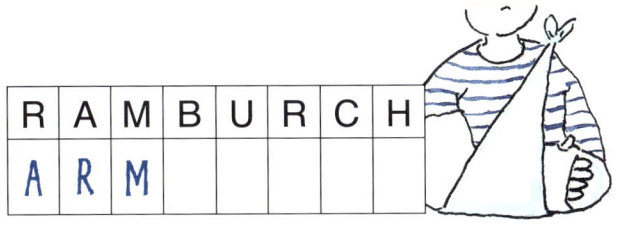

R	A	M	B	U	R	C	H
A	R	M					

T	O	R	P	F	N	E

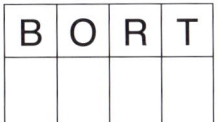

B	O	R	T

G	A	U	R

G	A	T	R	E	N

S	T	A	R	N	D

Z	T	O	R	I	N	E

Ü	G	R	N	P	F	L	N	A	Z	E

S	I	E	G	R	E	K	A	R	N	Z

L	A	D	N	A	K	R	T	E

P	I	K	A	R	O	S	E

11

Wörter in Silben gliedern

Lange und schwierige Wörter lassen sich leichter schreiben, wenn du sie beim Schreiben langsam in Silben mitsprichst.

> Ich male unter jedes Wort Silbenbögen und schreibe dann die Wörter in Silben getrennt daneben.

Wolkenkratzer   Wol-ken-krat-zer

Kartoffelpuffer   _____

Regenbogenfarben   _____

Apfelkuchenduft   _____

Schokoladenfabrik   _____

Sommersprossen   _____

Sandkastenkinder   _____

Klassenkasse   _____

Feuersalamander   _____

Waschmaschinengeräusche   _____

Elefantenkinder   _____

Kinderwagenräder   _____

Wörter in Silben aufschreiben

❯ Ich schreibe die Silben der Wörter auf und spreche dabei deutlich mit.

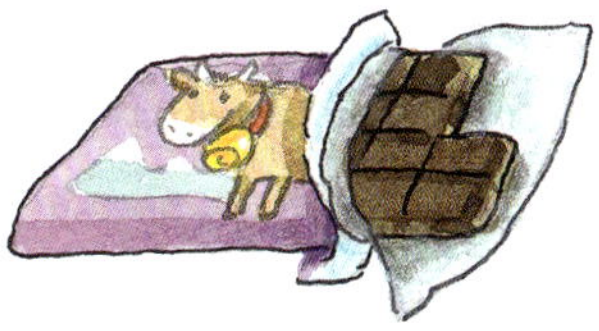

Scho ___ ___ ___

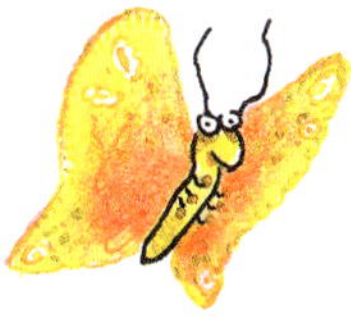

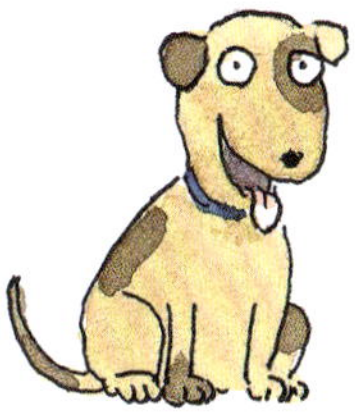

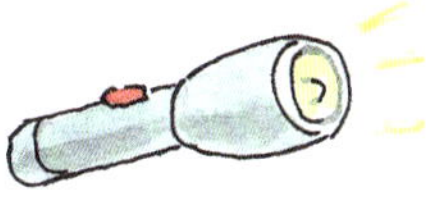

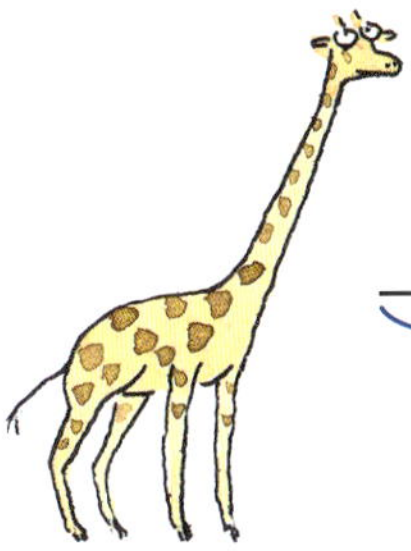

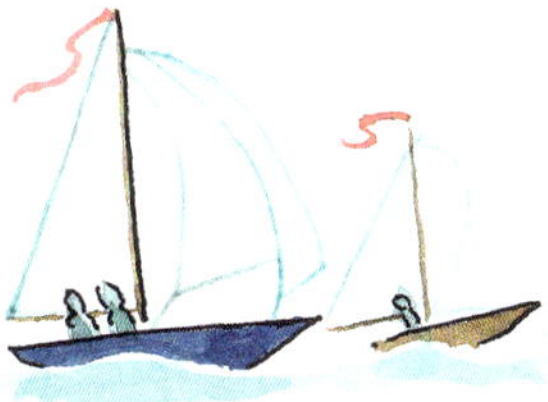

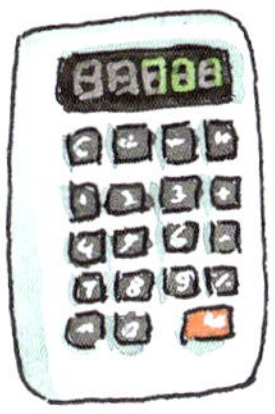

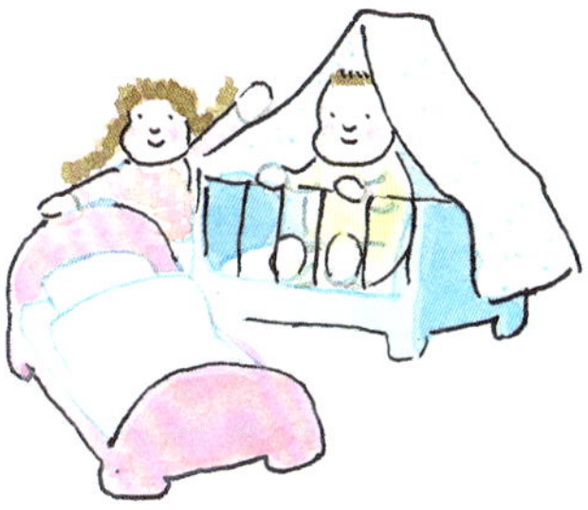

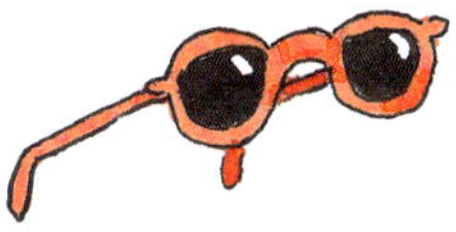

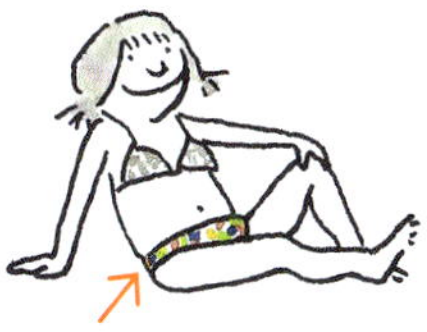

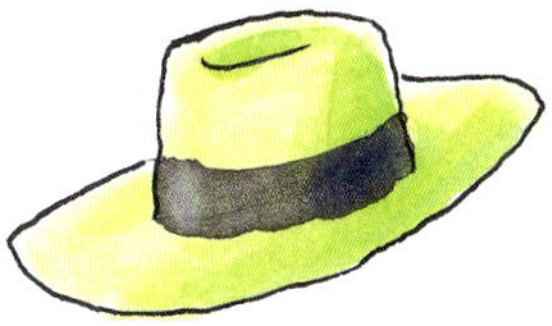

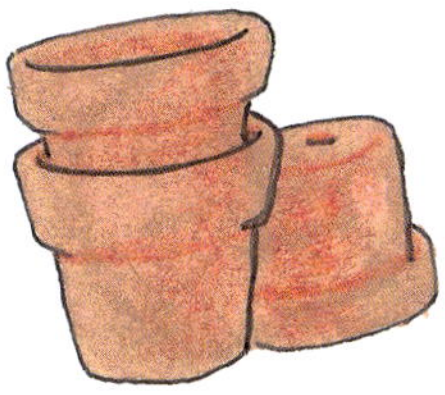

___ ___ ___ ___

___

___ ___ ___ ___

___ ___ ___

___ ___ ___ ___

___ ___ ___ ___

___ ___ ___ ___

___ ___ ___ ___

___ ___ ___ ___ ___

___

___ ___ ___ ___

Silben zusammensetzen

> Ich setze die Silben zu sinnvollen Wörtern zusammen und schreibe sie mit Silbenbögen auf.

Ka	hö	To	Kel	Blu
sup	men	Ba	Nu	pe
cker	va	ler	sa	trep
se	de	ma	del	lat
mel	müt	pe	ten	ze

Ka _____   _____

_____   _____

_____   _____

Auf Laute mit mehreren Buchstaben achten

Es gibt Laute, die anders gesprochen als geschrieben werden.

Du sprichst: schp, scht, kw.

Du schreibst: **Sp/sp, St/st, Qu/qu.**

> Ich suche die Wörter mit **Sp/sp, St/st** und **Qu/qu** am Wortanfang und schreibe sie auf. Die Anlaute färbe ich ein.

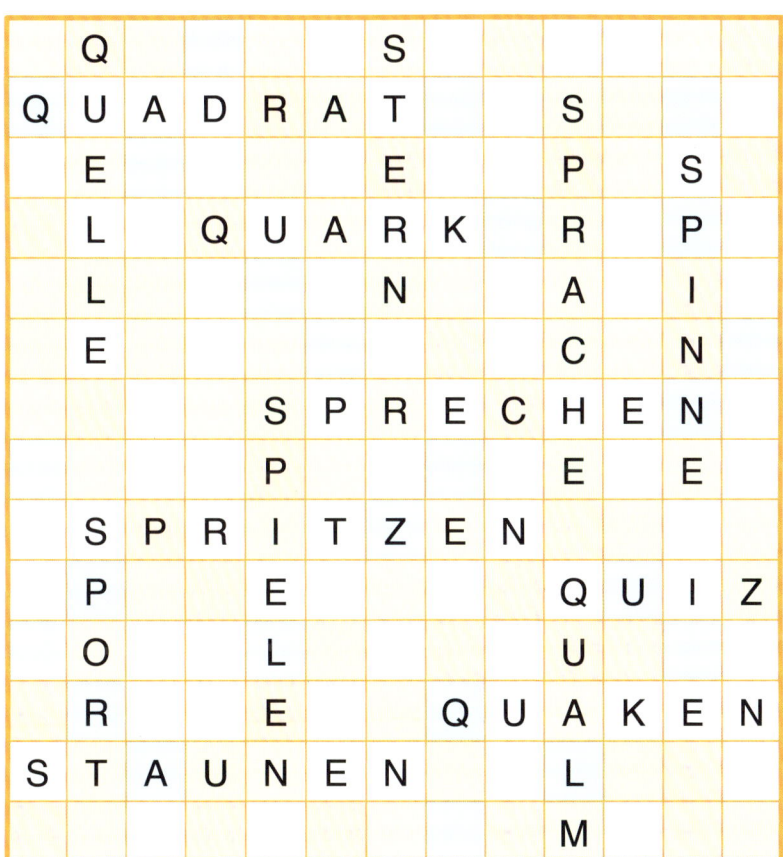

spritzen, _____

_____

_____

Auf harte und weiche Anlaute achten

Diese Wortpaare klingen am Wortanfang ähnlich:
der **G**arten – die **K**arten, der **D**eich – der **T**eich,
backen – **p**acken.
Wenn du das Wort deutlich sprichst,
spürst du am Luftstrom den Unterschied.

❯ Ich sehe mir die Bilder an und spreche jedes Wort deutlich aus.
Ich achte auf den Luftstrom.
Ich streiche durch, was nicht dazugehört.

Wasseralarm

Im Zirkus gehen Elefantenkinder im Kreis.

Sie holen mit den Rüsseln Hüte aus den Kisten.

Die Zylinder werfen sie zu den Affen.

Der Zirkusdirektor und sein Helfer stellen ein Becken auf.

Jetzt bespritzen die Elefanten die Zuschauer mit Wasser.

Mara und Hanna sitzen auf der Tribüne.

Sie schreien laut und klatschen.

1. Ich lese den Text und überlege, was im Text steht.

2. Ich spreche jedes Wort deutlich Silbe für Silbe und male dabei die Silbenbögen.

3. Ich decke jeden Satz ab und schreibe ihn auswendig auf.

4. Ich kann mir den Text auch diktieren lassen.

5. Ich kontrolliere mit der Kontrollkarte und dem Wörterbuch.

Nachdenken

Nachdenken und die Rechtschreibregeln helfen dir, wenn du nicht genau weißt, wie ein Wort geschrieben wird.

Auf die Großschreibung achten

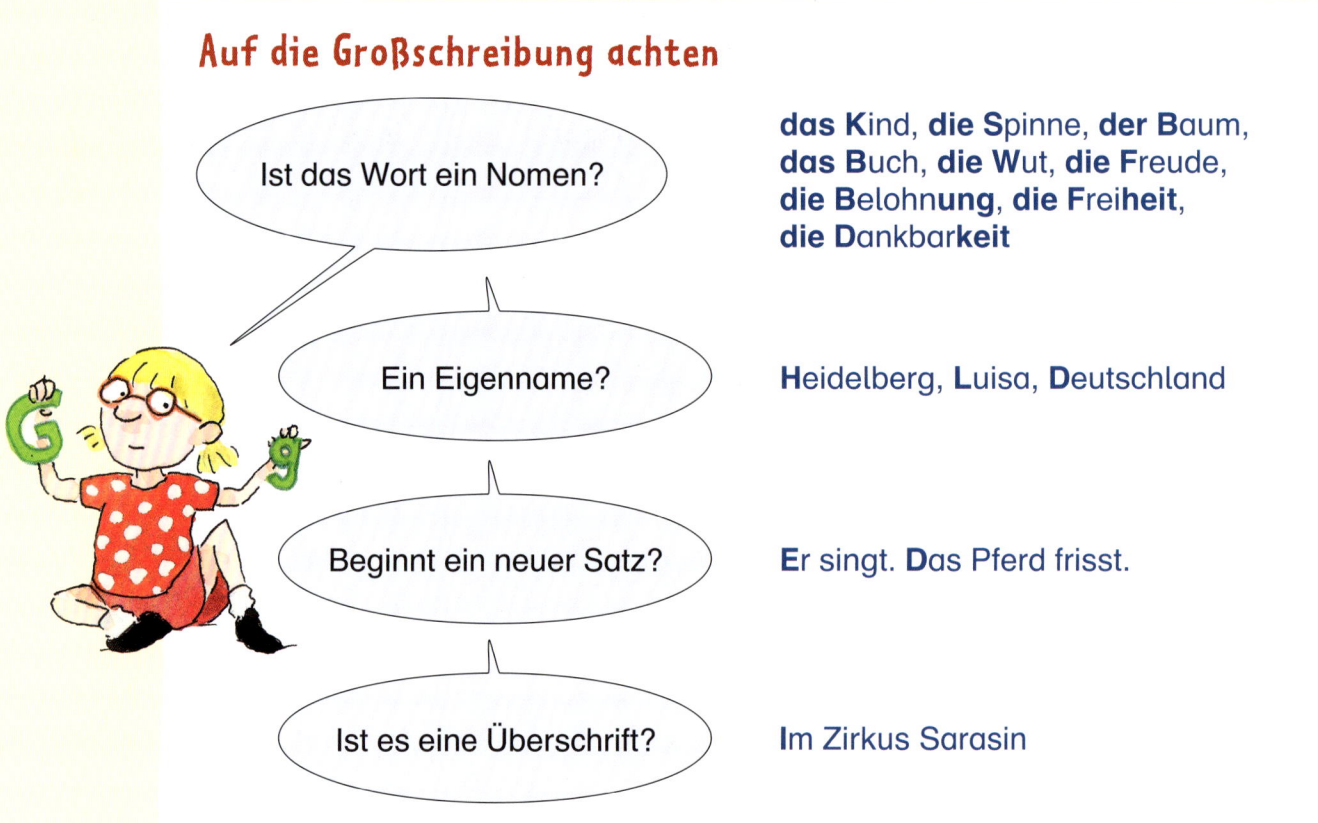

Ist das Wort ein Nomen?

das Kind, **die S**pinne, **der B**aum, **das B**uch, **die W**ut, **die F**reude, **die B**elohn**ung**, **die F**rei**heit**, **die D**ankbar**keit**

Ein Eigenname?

Heidelberg, **L**uisa, **D**eutschland

Beginnt ein neuer Satz?

Er singt. **D**as Pferd frisst.

Ist es eine Überschrift?

Im Zirkus Sarasin

Einsilbige Wörter verlängern: b – p, d – t, g – k?

Kann ich das Wort verlängern, um den Laut besser zu hören?

Nomen: die Hand   –   die Hän**d**e

Adjektiv: klug   –   klü**g**er

Verb: du schreibst –   schrei**b**en

Verwandte Wörter suchen: ä – e, äu – eu?

Kenne ich ein verwandtes Wort mit **a** oder **au**?

die Länder	–	das L**a**nd
die Äste	–	der **A**st
sie träumt	–	der Tr**au**m
er läuft	–	l**au**fen
länger	–	l**a**ng

Den kurzen und langen Vokal unterscheiden

Höre ich einen langen oder einen kurzen Vokal?

Wie viele Konsonanten folgen?

die Hüte	–	die Hütte
der Ofen	–	offen
strafen	–	straffen
das Kabel	–	der Kasten

Auf die Wortbausteine achten

Kann ich das Wort in seine Teile zerlegen?

Treffen zwei gleiche Buchstaben aufeinander?

Frei heit
Vor rat
fröh lich

ver lauf en
ab brech en

Großschreibung von Nomen

Nomen schreibst du immer groß. Sie benennen Lebewesen, Gegenstände, Gefühle und etwas, das man sich nur vorstellen kann.

❯ Ich prüfe die Nomen und entscheide, wohin sie gehören.

Kann ich anfassen

die Wut

die Katze

der Schmerz

die Wolke

der Weltraum

das Wasser

die Liebe

die Ferien

Weihnachten

der Stern

die Tulpe

das Holz

der Hunger

der Unfall

die Freude

der Sieg

Kann ich fühlen oder empfinden

Kann ich sehen oder zählen

Kann ich mir vorstellen

Merkmale von Nomen erkennen

Du kannst Nomen an verschiedenen Merkmalen erkennen.

> Ich kreuze die passenden Merkmale an.

	Es ist ein Eigenname.	Es gibt einen Artikel zu dem Wort.	Ich kann die Mehrzahl bilden.	Es enthält den Wortbaustein -keit, -heit. oder -ung.
Schmidt	X			
oft				
Eltern				
Franziska				
Freiheit				
vielleicht				
Ärger				
Ewigkeit				
Obst				
Enttäuschung				
über				
Wüste				
verliebt				
Holz				

Großschreibungen überprüfen

> Ich untersuche den Text. Welche Wörter werden großgeschrieben?
> Ich überlege und korrigiere.

F

~~freude~~ im hasenkäfig

nike freut sich auf ihre beiden hasen. in den ferien hat oma auf sie

aufgepasst. sie steht schon vor der tür und ruft: „komm schnell rein,

mit deiner mimi ist etwas passiert!" nikes herz klopft. sie kriegt angst.

ist mimi krank? nike rennt ins haus und läuft zum käfig. aber der ist leer.

da bewegt sich das heu. „oh, wie süß! so eine überraschung!", ruft nike

begeistert. oma grinst und fragt: „darf ich eines der hasenbabys behalten?"

Diese Fragen stelle ich mir:

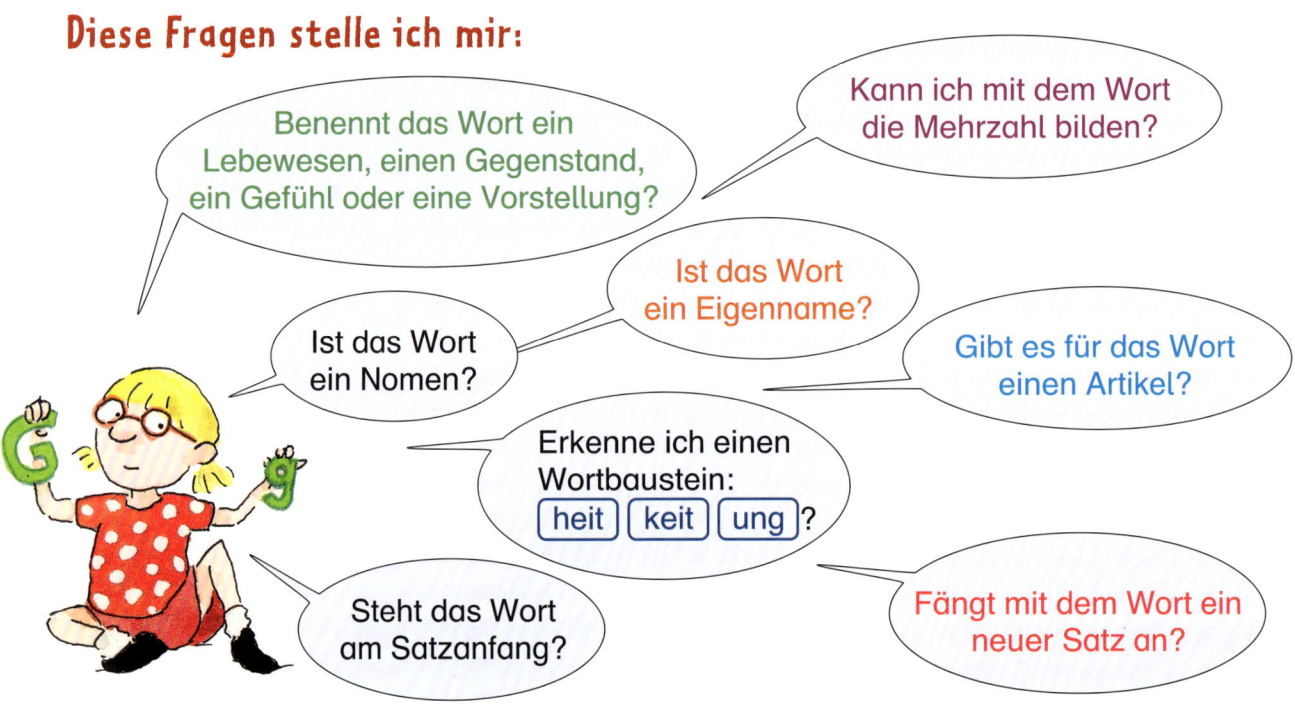

Einsilbige Wörter verlängern

Du kannst den Laut am Ende eines Wortes oder einer Silbe besser hörbar machen, indem du das Wort verlängerst.

❯ Nomen verlängere ich, indem ich die Mehrzahl bilde. Ich trage ein.

Im Hof bellt ein Hund_____.   Hun de

Mit einem _____ holst du

die Nudeln aus dem Wasser.

An diesem Auto fehlt

ein _____.

Die _____ steht auf

einem hohen _____.

Hinter dem Baum steht

ein _____.

Die Mannschaft feierte

ausgelassen ihren _____.

Zieh dir ein sauberes

_____ an!

Nicht jeden _____

kann man mit Wasser löschen.

Es war ein turbulenter

_____.

Haltet den _____!

Einsilbige Wörter verlängern

> Adjektive verlängere ich, indem ich die 1. Vergleichsstufe bilde. Ich trage ein.

klü ger

~klug~
wild
blond
fremd
trüb
mild
mutig
gesund
lästig

> Die Personalform eines Verbs verlängere ich, indem ich die Grundform bilde. Ich trage ein.

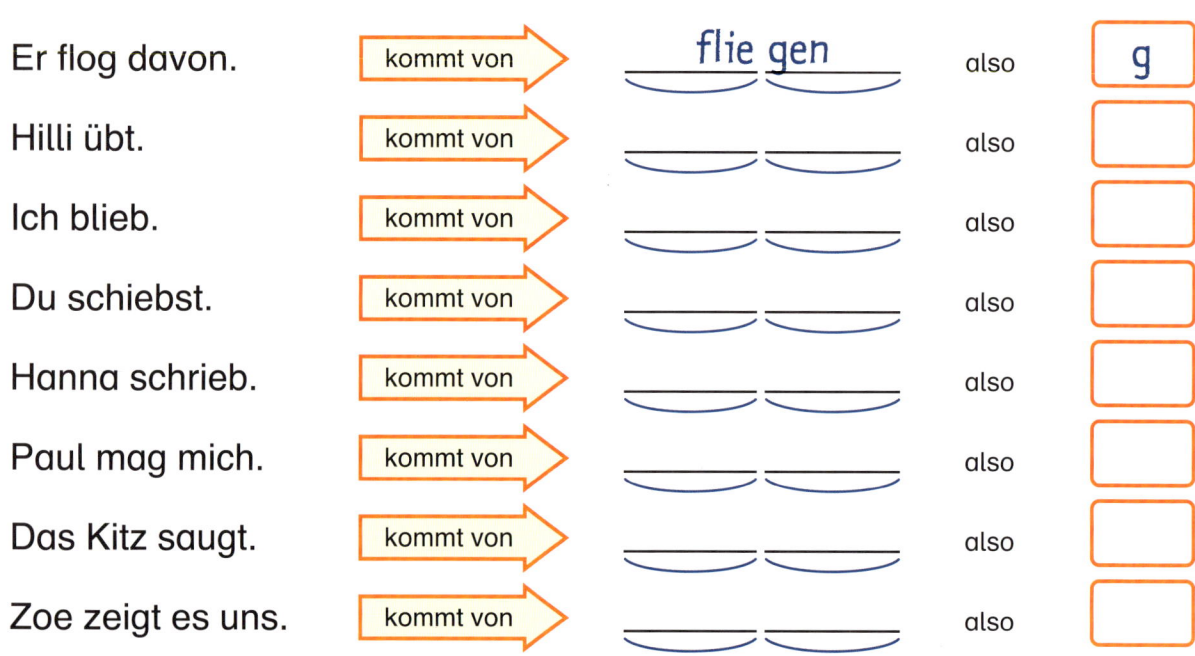

Er flog davon.	kommt von	flie gen	also	g
Hilli übt.	kommt von		also	
Ich blieb.	kommt von		also	
Du schiebst.	kommt von		also	
Hanna schrieb.	kommt von		also	
Paul mag mich.	kommt von		also	
Das Kitz saugt.	kommt von		also	
Zoe zeigt es uns.	kommt von		also	

24

Verlängerungsmöglichkeiten auswählen

❯ Ich untersuche die Wörter, verlängere sie und kreuze die passende Verlängerungsmöglichkeit an.

	Mehrzahl bilden	Grundform bilden	Vergleichsstufe bilden
rund			✕
es klebt			
der Ausflug			
schräg			
das Pferd			
sie lag			
du trägst			
der Rand			
sie fragte			
wund			
sie log			
der Korb			
lieb			
grob			
der Tag			

Verwandte Wörter suchen

Ä/ä und **E/e** und **Äu/äu** und **Eu/eu** klingen ähnlich. Beim Schreiben kannst du dir helfen, indem du verwandte Wörter mit **a** oder **au** suchst.

> Ich untersuche jedes Wort mit **ä** oder **äu** und verbinde es mit dem verwandten Wort.

die Räuberhöhle		verträumt
die Träumerin	rauben	räuberisch
die Räuber		die Erkältung
träumerisch	der Traum	der Kälteeinbruch
räumlich		die Räuberbande
erkältet	kalt	träumen
das Räumchen		aufräumen
die Kälte	der Raum	die Kläranlage
das Rätsel	raten	die Rätselecke
aufgeklärt		die Wohnräume
der Verräter	klar	rätselhaft
erklären		die Erklärung

Verwandte Wörter aufschreiben

Nachdenken

> Ich suche zu jedem markierten Wort ein verwandtes Wort mit **a** oder **au**
> und schreibe es auf.

Der alte Räuber lebt in einer ärmlichen Hütte.   rauben, _____

Er sammelt täglich Äste für sein Feuer im   _____

Ofen. Trotzdem leidet er unter der Kälte.   _____

Deshalb trägt er immer seinen alten Mantel.   _____

Weil er ihn nie auszieht und sogar   _____

darin schläft, krabbeln schon Läuse im   _____

Mantelkragen. In den Nächten steigt der Alte   _____

über Zäune und schleicht um die Häuser   _____

der Leute. Er sucht sicher die Wärme.   _____

> Ich beschrifte das Bild.

Den kurzen und langen Vokal unterscheiden

Der Vokal in einer betonten Silbe wird lang oder kurz gesprochen. Genau hinzuhören, hilft dir beim Schreiben. Denn nach einem kurz gesprochenen Vokal folgen mindestens zwei Konsonanten.

❯ Ich spreche die Wörter deutlich und überprüfe: Ist der betonte Vokal kurz oder lang?

Ich färbe das Wort in der entsprechenden Farbe ein und ergänze die Silbenbögen. Mir fällt auf, dass …

Wolke

Hütte

treten

Katze

Schale

schwimmen

Ofen

Schiffe

trennen

Tante

stolpern

Kabel

offen

Miete

Regen

Biene

Käfer

fassen

blöken

baden

Fenster

Gänse

Welle

Träne

Hüte

Flöte

leben

Kinder

Konsonanten nach kurzem Vokal erkennen

Nach einem kurzen Vokal folgen meistens zwei Konsonanten.

> Ich benenne das Bild und kreuze an, ob nach dem kurzen Vokal zwei gleiche oder zwei verschiedene Konsonanten folgen. Danach trage ich das Wort mit Silbenbögen ein.

	Zwei verschiedene Konsonanten	Zwei gleiche Konsonanten	Wort
		X	Tel ler

29

Wortbausteine erkennen

Wörter bestehen aus verschiedenen Teilen. Es hilft dir fürs richtige Schreiben, sie in ihre Wortbausteine zu zerlegen.

Vorangestellte Wortbausteine sind zum Beispiel:

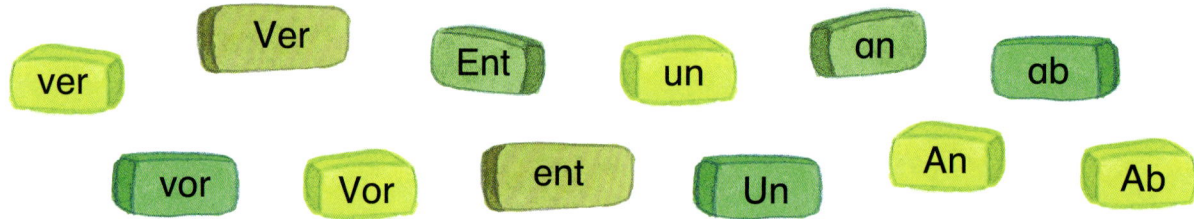

Nachgestellte Wortbausteine sind zum Beispiel:

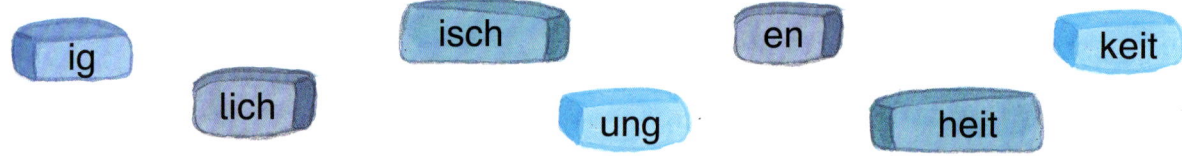

> Ich zerlege die Wörter in ihre Wortbausteine und markiere sie in den passenden Farben.

Verbindungen mit Wortbausteinen untersuchen

> Ich trenne die vorangestellten Wortbausteine ab und untersuche die Verbindung. Mir fällt auf, dass …

Vor|rat   verregnet   aussprechen

abbrechen   Annahmestelle   Auffahrt

Verrenkung   beerdigen   annähen

verrenken   annehmen   Aussage

Ausstieg   Abbiegung   Vorrunde

abbremsen   Enttäuschung   beenden

Beerdigung   Aussicht   Verrat

abbrennen

Auf
aus
Vor   Ent
An Be ver ab

Wörter mit Wortbausteinen bilden

> Ich bilde sinnvolle Zusammensetzungen und trage sie in die Tabelle ein.

Nomen	Verben	Adjektive
die Verkleidung		

Wiederholen und testen – Diktat

Paul schwärmt ∘ ∘  **für Ritter**

Paul findet das Leben im Mittelalter aufregend ∘ ⌒ und spannend.

In seinen Träumen reitet, schwimmt ∘ ⌒ und kämpft er

wie ein Ritter ⌒ ∘ ∘. Auch kennt er die Ritterzeit gut:

Die Söhne der Ritter wurden damals fast alle zum Knappen ausgebildet.

Sie stellten ∘ ⌒ Waffen her, lernten zu kämpfen ∘ ⌒ und zu jagen.

Jeder Knappe ∘ ⌒ musste einem Ritter dienen und sich

sehr anstrengen. Wenn ein Knappe besonders mutig ⌒ ∘ war

und seine Ausbildung ∘ ∘ ⌒ erfolgreich beendet ∘ ⌒ hatte,

wurde er feierlich zum Ritter geschlagen.

Darauf konnte er stolz sein.

1. Ich lese den Text und überlege, was im Text steht.

2. Ich untersuche jedes Wort, hinter dem eine Denkblase steht.
   Ich überlege, was mir hilft, dieses Wort richtig zu schreiben.
   - 🔴: Verlängern
   - 🔵: Verwandte suchen
   - 🟢: Zerlegen
   - 🟠: Den langen und kurzen Vokal unterscheiden

3. Ich schreibe den Text ab oder lasse ihn mir diktieren.

4. Ich kontrolliere mit der Kontrollkarte und
   dem Wörterbuch.

Merken

Für manche Wörter gibt es keine Regel. Du musst sie dir merken. Schau dir die Merkwörter genau an, schreibe sie richtig ab oder auswendig auf. Kontrolliere sie genau. Das Merken fällt dir leichter, wenn du verschiedene Techniken anwendest.

Üben mit Merkhilfen

Ich sammle Merkwörter und schreibe sie in einen passenden Umriss.

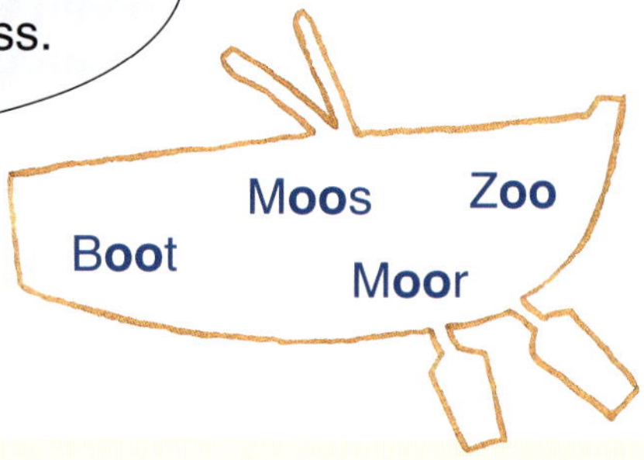

Boot   Moos   Zoo   Moor

Üben mit Merkzetteln

Ich schreibe Merkwörter auf kleine Zettel und hänge sie so auf, dass ich sie immer wieder sehen kann.

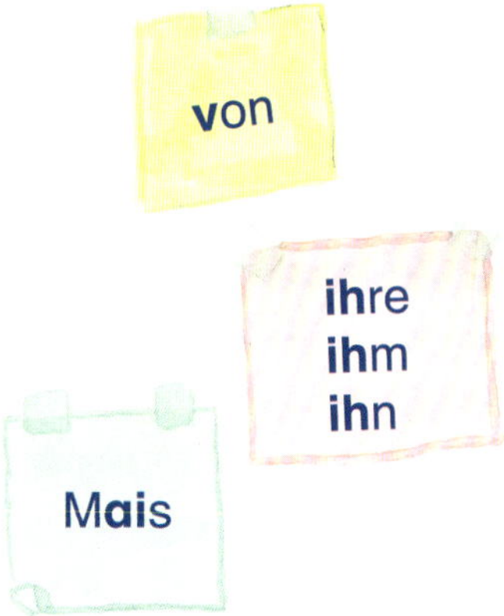

von

ihre
ihm
ihn

Mais

Üben mit einem Lernplakat

Ich stelle Merkwörter mit ihren Wortfamilien zusammen und schreibe sie auf ein Plakat. Ich hänge es gut sichtbar auf.

die Fuhre
die Fahrschule
sie fuhr — fahren
die Fahrkarte
das Fuhrunternehmen

Üben mit einer Lernkartei

Ich schreibe Merkwörter auf Karteikarten und ordne sie in meine Lernkartei ein.

heiß
heißer
Heißluft

Üben mit Merkheft und Wörterliste

Ich sammle Wörter mit schwierigen Lauten oder Buchstabenverbindungen in einem Heft oder auf einer Liste.

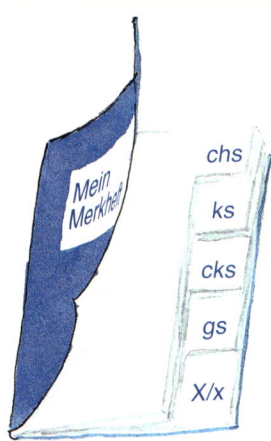

Mein Merkheft

chs
ks
cks
gs
X/x

Üben mit Reimen und Eselsbrücken

Ich erfinde Reime und lustige Sprüche mit Merkwörtern und lerne sie auswendig.

Den **Tiger** sprich mit langem **i**, jedoch mit **ie** schreib ihn nie.

Üben mit Merkhilfen

Wenn du Merkwörter in passende Umrisse einordnest, kannst du sie dir besser merken.

❯ Ich schaue jedes Wort genau an. Danach decke ich das Wort ab und schreibe es in den passenden Umriss.

Haar   Staat   ~~Klee~~   Schnee

Paar   Beere

See   Aas

Klee

Beet   Teer

Saal

Heer

Waage

Aal

Tee

Saat

leer   Kaffee

Meer

Speer   ~~Waage~~   Idee

Üben mit Merkzetteln

Es gibt verschiedene Möglichkeiten, Merkwörter auf kleine Zettel zu schreiben und sie dir damit einzuprägen.

❯ Ich probiere verschiedene Techniken aus.

Hai
Kaiser
Mais
Laich
Mai

Ich schreibe jedes Merkwort in unterschiedlicher Farbe und Größe auf.

Hai

ihr
ihm
ihn

Ich schreibe jedes Merkwort dreimal in verschiedenen Schriften auf.

ihr

Gut sichtbar aufhängen!

Vogel
Vater
voll
von
viel
vier
Vieh

Ich schreibe Merkwörter auf den Rahmen eines passenden Bildes.

viel

Üben mit einem Lernplakat

Du kannst ein Plakat zu deinen Merkwörtern gestalten und aufhängen. Jedes Mal, wenn du das Lernplakat siehst, wirst du an deine Merkwörter erinnert.

❯ Ich ordne die Wörter.

auszählen   Zähler   Zahlwort   Zahlung   auszahlen
zählbar   zahlreich   Zahlungsmittel   Zahlenfolge
bezahlen   verzählen   unzählig   abzählen   zahllos
Einzahl   Nachbarzahl   zählen   Zahlenkombination

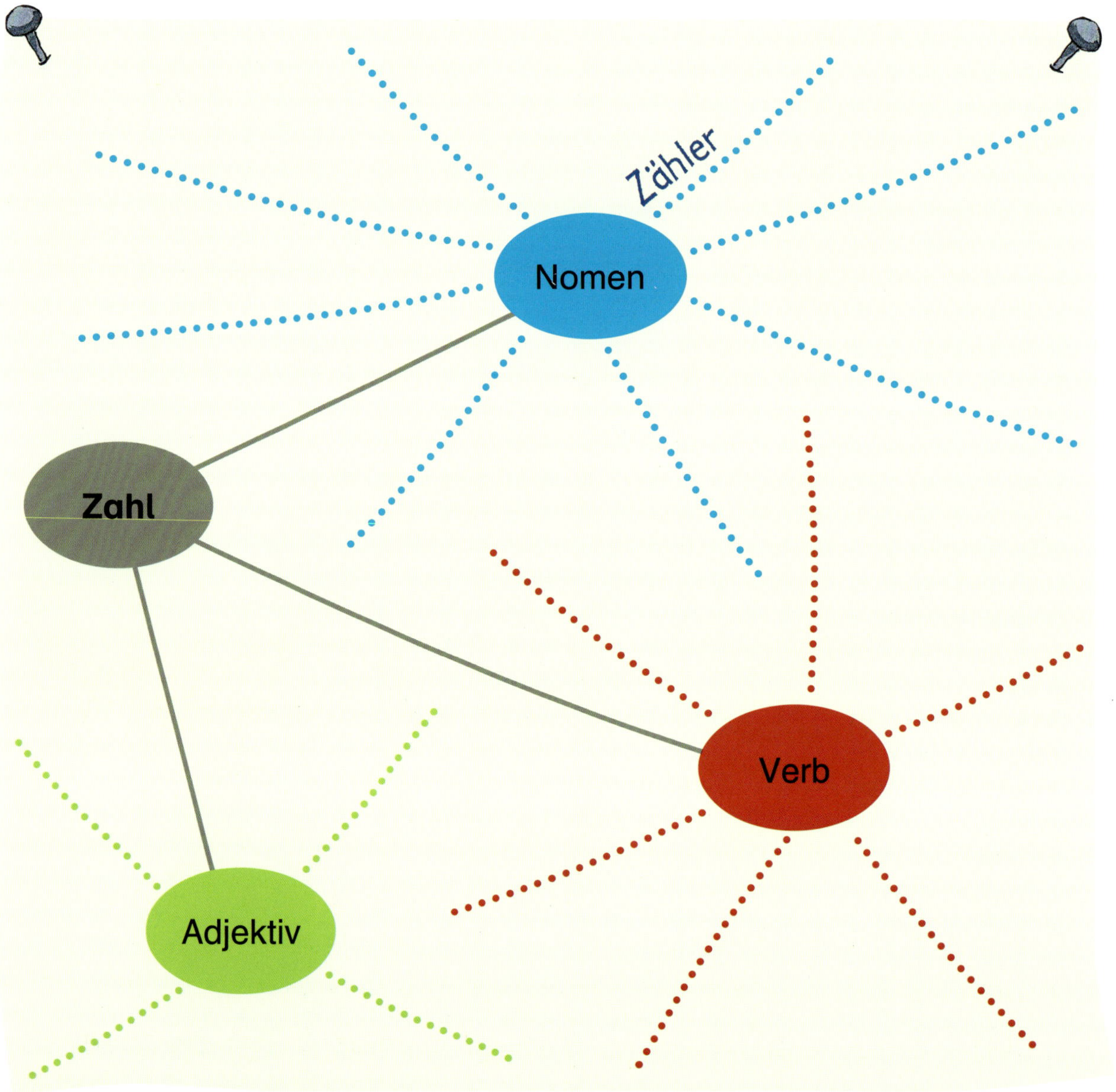

Zähler

Nomen

Zahl

Verb

Adjektiv

Üben mit einem Lernplakat

> Ich schreibe die Merkwörter mit einem stummen h geordnet auf das Lernplakat.

uh/üh

Stuhl,

eh

oh/öh

ah/äh

~~Stuhl~~	froh	Floh	mehr	Gefahr
nehmen	Höhle	zehn	Hahn	Uhr
wohnen	Lehrerin	Jahr	Verkehr	Bühne
ohne	fühlen	ähnlich	berühmt	kahl
Bohne	Söhne	früh	ehrlich	wählen

Üben mit einer Lernkartei

> Ich lege eine Kartei mit Merkwörtern an. Auf die Karten schreibe ich die Wörter mit verschiedenen Formen auf.

Ich schreibe alle sechs Personalformen auf.

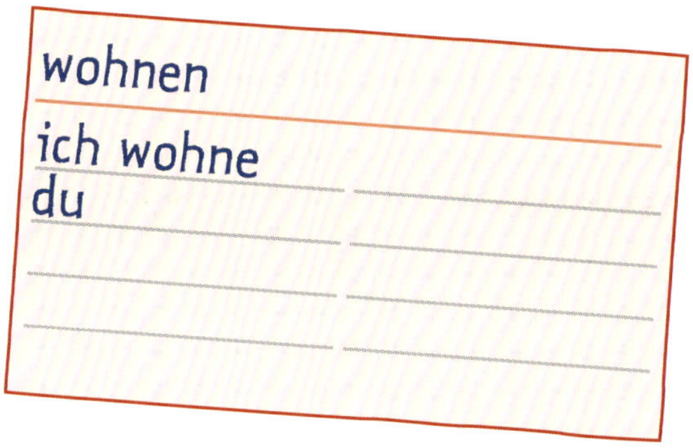

wohnen
ich wohne
du

Ich schreibe die Mehrzahl und verwandte Wörter auf.

der Vogel

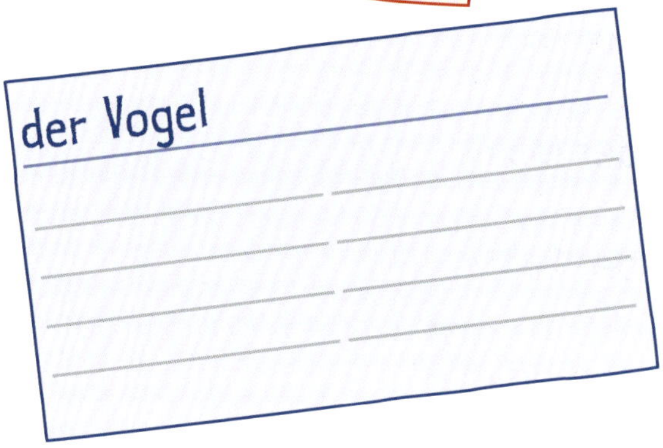

Ich schreibe die 1. und 2. Vergleichsstufe und verwandte Wörter auf.

groß

Ich lasse mir die Merkwörter diktieren. Richtig geschrieben dürfen sie ein Fach weiter.

1   2   3

Üben mit Merkheft und Wörterliste

❯ Ich sammle in einem Merkheft Merkwörter mit schwierigen
Lauten. Diese kann ich mit einer Wörterliste üben.
Ich schreibe die Wörter ab. Anschließend decke ich
sie nacheinander zu und schreibe sie auswendig auf.

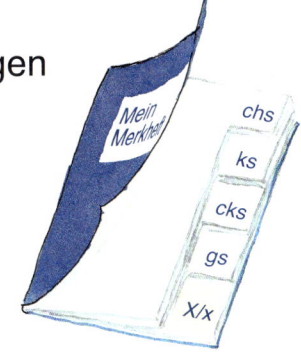

Merkwörter	abschreiben	auswendig aufschreiben
das Xylofon		
die Axt		
der Mixer		
der Experte		
explodieren		
extra		
die Hexe		
mixen		
die Nixe		
die Praxis		
das Taxi		
der Text		
der Boxer		
die X-Beine		

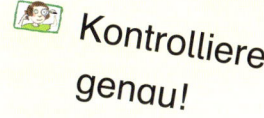

Kontrolliere genau!

Üben mit Reimen und Eselsbrücken

Reime und Eselsbrücken helfen dir, etwas zu behalten.

❯ Ich suche das passende Reimwort und lerne den Spruch auswendig.

Doppel-**a**, das ist doch klar,

sind in **Waage**, **Haar** und _____ .

Saal

Paar

Staat

Aal

Aas

Fibel

Tiger

Brise

Nische

Kino

Igel

Den _____ sprich mit langem **i**,

jedoch mit **ie** schreib ihn nie.

Da _____ und La _____

Fu _____ und Lu _____

E _____ se und O _____

Schreibst du x, korrigiere fix!

Dachs

Fuchs

Lachs

Ochse

Echse

Luchs

Große Hitze

G _____

Es ist heiß.

_____

Ari und Sina schieben ihren Ball hin und her.

_____

Fußball macht heute keinen Spaß.

_____

Sina hat eine Idee.

_____

Wir fahren zum See.

_____

Dort ist es kühler.

_____

Vielleicht spielen sie jetzt dort Wasserball.

_____

Merkwörter:

wir
heiß
Fußball
Idee
fahren
See
kühl
vielleicht
jetzt
dort
zum

1. Ich lese den Text und überlege, was im Text steht.

2. Ich übe die Merkwörter auf unterschiedliche Weise.

3. Ich decke jeden Satz ab und schreibe ihn auswendig auf.

4. Ich kann mir den Text auch diktieren lassen.

5. Ich kontrolliere mit der Kontrollkarte
   und dem Wörterbuch.

Nachschlagen

Nachschlagen im Wörterbuch hilft dir, wenn du unsicher bist,
wie ein Wort geschrieben wird.

Auf den ersten Buchstaben achten

In welchem Teil des Wörterbuchs
finde ich den Anfangsbuchstaben
meines Wortes?

Kobra
K suche ich in der Mitte des Wörterbuchs.

Auf den zweiten und die folgenden Buchstaben achten

Welches ist der zweite Buchstabe
und welche Buchstaben folgen?

Kobra steht nach **Kobold,**
denn **r** kommt nach **o.**

Unter verschiedenen Buchstaben nachschlagen

An welchen Stellen kann
ich suchen, wenn ich nicht weiß, mit welchem
Buchstaben ein Wort beginnt?

Vase finde ich bei **V,** nicht bei **W.**
Vogel finde ich bei **V,** nicht bei **F.**
Clown finde ich bei **C,** nicht bei **K.**
Physik finde ich bei **Ph,** nicht bei **F.**

Den Haupteintrag finden

Unter welchem Haupteintrag finde ich das Wort?

Schlagsahne → schlagen
Fischstäbchen → der Fisch
regnerisch → der Regen

Das Grundwort suchen

Wo suche ich?

Nomen suche ich in der Einzahl.

die Öfen → der **Ofen**

Verben suche ich in der Grundform.

er aß → **essen**

Adjektive suche ich in der Grundstufe.

größer → **groß**

Zusammengesetzte Wörter zerlegen

Aus welchen Wörtern ist das Wort zusammengesetzt? Ich zerlege es und suche jedes Wort einzeln.

grasgrün → das **Gras**, **grün**
der Gemüsegarten → das **Gemüse**, der **Garten**
vorschreiben → **vor**, **schreiben**

Auf den ersten Buchstaben achten

Im Wörterbuch sind die Wörter nach dem Alphabet geordnet.
Wenn ich das Abc gut kenne, fällt mir das Nachschlagen leichter.

❯ Ich ergänze das Alphabet. Danach suche ich ein Thema für ein Abc aus
und trage zu jedem Buchstaben ein Wort ein.

A B __ __ EF __ __ __ J __ M __ O P __ R S __ __ U __ __ X Y __

MEIN THEMA:

A
B
C
D
E
F
G
H
I
J
K
L
M

N
O
P
Q
R
S
T
U
V
W
X
Y
Z

Schule?

Sport?

Technik?

Ferien?

Tiere?

Familie?

46

> Ich benenne das Bild, merke mir den ersten Buchstaben des Wortes und frage mich:
> Steht der Buchstabe vorne, in der Mitte oder hinten im Abc?
> Ich kreuze an.

Das Abc einteilen

> Ich schreibe die Wörter nach dem Abc geordnet auf und markiere den ersten Buchstaben. Ich überprüfe im Wörterbuch und trage die Seitenzahl ein.

ungeordnet	nach dem Abc geordnet	Seitenzahl
das Huhn	die **A**ngst	41
der Ofen		
lieben		
die Angst		
der Traum		
doof		
der Schlitten		
die Mütze		
verlieren		
herein		
nach		
das U-Boot		
die Schiedsrichterin		
das Klavier	**v**erlieren	

Auf die Folgebuchstaben achten

❯ Bei gleichem Anfangsbuchstaben achte ich auf den zweiten
und die nachfolgenden Buchstaben.
Ich trage die Wörter an der richtigen Stelle ein. Anschließend kontrolliere
ich die Reihenfolge im Wörterbuch.

Puls

pummelig

~~Pudel~~

pusten

Pulver

Punkt

Puffer

Puppe

Püree

Pudding	Pudel	✓
Puder		
Pullover		
Pult		
Puma		
pumpen		
Pupille		
pur		
purzeln		

49

Unter verschiedenen Buchstaben nachschlagen

Für manche Laute gibt es verschiedene Schreibmöglichkeiten.

❯ Ich suche im Wörterbuch an verschiedenen Stellen.

Finde ich das Wort unter
V/v oder **F/f**?

f_ort   ◯   ⊗

__erlieren   ◯   ◯

__ogel   ◯   ◯

__reude   ◯   ◯

__olk   ◯   ◯

Finde ich das Wort unter
V oder **W**?

__ideo   ◯   ◯

__ampir   ◯   ◯

__eizen   ◯   ◯

__affel   ◯   ◯

__ase   ◯   ◯

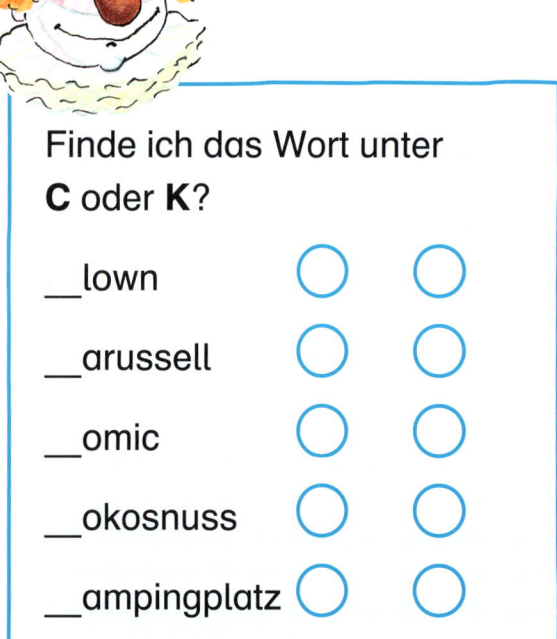

Finde ich das Wort unter
C oder **K**?

__lown   ◯   ◯

__arussell   ◯   ◯

__omic   ◯   ◯

__okosnuss   ◯   ◯

__ampingplatz ◯   ◯

Finde ich das Wort unter
Ph oder **F**?

___arao   ◯   ◯

___ontäne   ◯   ◯

___antom   ◯   ◯

___ilz   ◯   ◯

___ysik   ◯   ◯

Den Haupteintrag finden

Die fett gedruckten Wörter in einem Wörterbuch nennt man
Haupteinträge. Darunter stehen die Nebeneinträge. Sie gehören
zur selben Wortfamilie.

❯ Ich verbinde die Nebeneinträge mit dem passenden Haupteintrag und
kontrolliere im Wörterbuch.

hochbegabt

am höchsten

lebendig

das Lebewesen

wässerig

die Länge

lebhaft

länglich

hochnäsig

wasserdicht

lang

leben

das **Wasser**

hoch

langärmelig

das Hochwasser

das Lebensmittel

der Wasserfall

der Hochsprung

wasserscheu

der Langlauf

der Wasserhahn

das Leben

das Wasser-
schutzgebiet

Nomen in der Einzahl suchen

Die Mehrzahl eines Nomens suchst du im Wörterbuch unter der Einzahl.

> Ich verbinde die Mehrzahl der Nomen mit der Form, unter der ich sie im Wörterbuch finde.

die Globen

die Museen

die Zeugnisse

die Alben

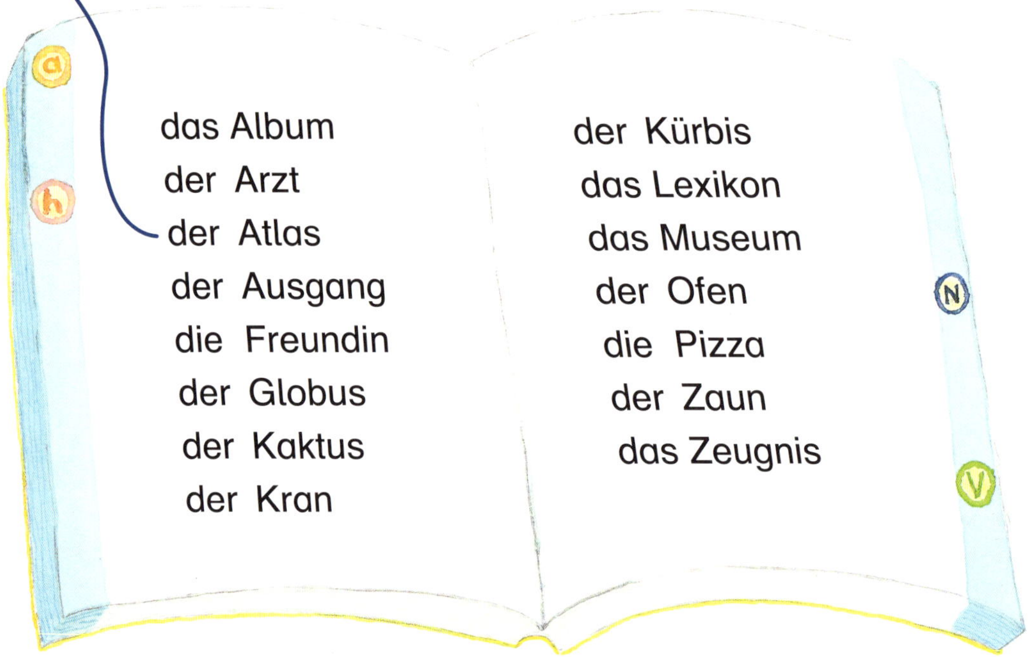

die Atlanten

das Album
der Arzt
der Atlas
der Ausgang
die Freundin
der Globus
der Kaktus
der Kran

der Kürbis
das Lexikon
das Museum
der Ofen
die Pizza
der Zaun
das Zeugnis

die Ärzte

die Pizzen

die Ausgänge

die Lexika

die Zäune

die Kräne

die Kakteen

die Öfen

die Freundinnen

die Kürbisse

Verben in der Grundform suchen

Die Personalform eines Verbs suchst du im Wörterbuch unter der Grundform des Verbs.

> Ich bilde die Grundform und schreibe sie auf. Dann suche ich die Grundform im Wörterbuch und suche dort den Nebeneintrag. Ich schreibe die Seitenzahl auf.

Personalform	Grundform	Seitenzahl
du liest	lesen	123
er zog		
sie hat gewusst		
er kam		
er aß		
sie ist gekrochen		
er flog		
du siehst		
du trittst		
er saß		
er wusch		
sie hat gefroren		
er fing		
er vergaß		

Adjektive in der Grundstufe suchen

Adjektive suchst du im Wörterbuch in der Grundstufe.

> Ich schreibe die Grundstufe der markierten Adjektive auf und suche sie im Wörterbuch.

Viele, viele Rekorde

Das größte Auge hat der Riesentintenfisch. | g | r | o | ß |

Der Kaumuskel ist der stärkste Muskel
des Menschen.

868 Jugendliche schlugen gemeinsam
den riesigsten Purzelbaum.

Einer der ältesten Buchstaben ist das O.

Den längsten Schluckauf hatte ein Mann.
Er litt 69 Jahre und 5 Monate darunter.

Der höchste Baum ist der Rieseneukalyptus.

Der tiefste deutsche See ist der Bodensee.

Die kleinsten Nester bauen die Kolibris.
Sie sind etwa halb so groß wie eine Walnuss.

Die dicksten Dinosaurier waren die
Ankylosauriden.

Der beste Taucher ist der Pottwal.

Zusammengesetzte Wörter zerlegen

Nicht alle zusammengesetzten Wörter stehen im Wörterbuch.
Wenn du das Wort in seine Teile zerlegst, kannst du jeden Teil einzeln
nachschlagen.

> Ich zerlege die Wörter.

SOMMER|REISE|ZIELE

HIMBEERMARMELADENGLASSCHERBEN

SONNENSCHUTZCREMETUBENDECKEL

HANDBALLWELTMEISTERIN

SPEISEQUARKZUBEREITUNG

LIEDERBUCHSEITE

GOLDHAMSTERFELLFARBE

Zusammengesetzte Wörter einzeln nachschlagen

> Ich zerlege jedes Wort in die Teile, nach denen ich im Wörterbuch
> suchen muss. Ich trage die Seitenzahlen ein. Mir fällt auf, dass …

Berggipfel	
S. 52	S. 94

eiskalt	

Absprung	

Löwenmähne	

Seeelefant	

kleinkariert	

Hinterradbremse		

Windeleimerdeckel		

Meerwasserbecken		

Buntspecht	

Kopfsteinpflaster		

giftgrün	

honiggelb	

Hauskatzenkrallen		

Feuersalamander	

Unterwassertaucher		

Das passende Grundwort suchen

Nicht alle Wörter mit vorangestellten Wortbausteinen stehen im Wörterbuch. Wenn du eins nicht findest, suchst du das passende Grundwort.

> Ich überprüfe, ob das zusammengesetzte Wort in meinem Wörterbuch steht. Wenn nicht, dann suche ich das Grundwort.

			ja	nein	
ver	schmieren	finde ich	○	⊗	schmieren
Um	leitung	finde ich	⊗	○	
Ent	warnung	finde ich	○	○	
los	lassen	finde ich	○	○	
Ab	fahrt	finde ich	○	○	
ver	schieben	finde ich	○	○	
Zu	fahrt	finde ich	○	○	
ent	erben	finde ich	○	○	
zer	fließen	finde ich	○	○	
ent	führen	finde ich	○	○	
um	leiten	finde ich	○	○	
auf	stehen	finde ich	○	○	
Zu	fall	finde ich	○	○	
un	gemütlich	finde ich	○	○	
ver	irren	finde ich	○	○	
zu	zwinkern	finde ich	○	○	

Schwierige Wörter nachschlagen

Schlage schwierige Wörter immer wieder nach und prüfe,
ob du sie richtig geschrieben hast.

❯ Ich benenne die Bilder, suche im Wörterbuch die Wörter dazu und
schreibe sie auf.

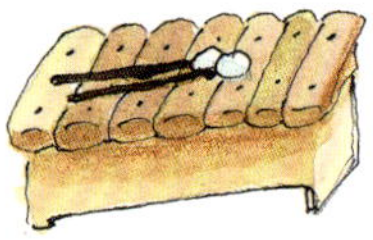

Xylofon _____

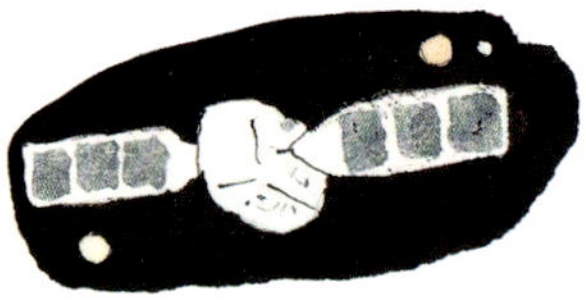

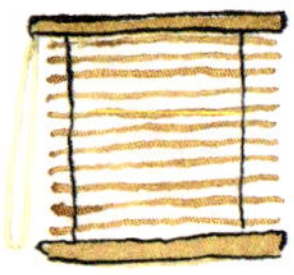

_____

_____

_____

_____

_____

_____

_____

_____

 Freunde im Zoo

Zuerst kommen die Freunde an einem Gehege mit einem  und

drei . vorbei. Das Zebra ist nicht längs, sondern  gestreift.

Lange schauen sie dem Emil zu, wie er immer wieder auf dem

 ins Wasser schlittert. Im  schwimmt eine große .

Im Reptilienhaus sehen sie eine  Meter lange . Mit ihrer

fühlt und riecht sie.

1. Ich lese den Text und überlege, was im Text steht.

2. Ich suche im Wörterbuch die fehlenden Wörter und schreibe
   sie richtig auf.

 _____    _____

 _____    _____

 _____    _____

 _____    _____

 _____   _____

 _____

3. Ich schreibe den vollständigen Text ab oder lasse
   ihn mir diktieren.

4. Ich kontrolliere mit der Kontrollkarte.

Kontrollieren

Kontrolliere immer genau, was du geschrieben hast.
Wenn du einen Fehler entdeckst, dann verbessere ihn.

Mit der Kontrollkarte kontrollieren

Ich lese meinen Text nach dem Schreiben noch einmal genau durch.

Fehlt ein Buchstabe?
Fehlt ein Wort?
Fehlt ein Satzzeichen?

Ich decke den Text ab und kontrolliere Wort für Wort, auch rückwärts.

Fehlt ein Buchstabe?
Stimmt die Reihenfolge der Buchstaben?

Ich kennzeichne die Wörter, bei denen ich unsicher bin.

Wo ist die Thermoskanne?

Ich suche nach einer Strategie.

Kenne ich eine Regel?
Hilft mir die Verlängerungsprobe?
Hilft es mir, das Wort zu zerlegen?
Kenne ich ein verwandtes Wort?

Ich schlage im Wörterbuch nach.

Thermoskanne

Mit den Lösungen vergleichen

Wo finde ich die Lösungen?

Habe ich Wort für Wort mit den Lösungen verglichen?

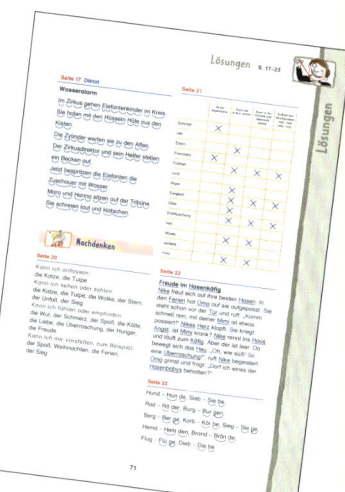

Fehler kennzeichnen und verbessern

Fehler entdeckt?

Einen ausgelassenen Buchstaben?

Mein Kateikasten

Ein fehlendes Wort?

dem
steht auf Schrank.

Ein falsch geschriebenes Wort?

vergessen
Ich habe ihn ~~fergessen~~.

Ein fehlendes Satzzeichen?

Ich muss ihn mir holen Er ...

Mit der Kontrollkarte kontrollieren

Überprüfe und kontrolliere genau, wenn du etwas aufgeschrieben hast.
Dabei hilft dir die Kontrollkarte.

❯ Ich lese jeweils einen Satz, decke ihn ab und schreibe ihn auswendig auf.

1. Oskar liest gern.
2. Er geht oft in die Stadtbücherei.
3. Am liebsten mag er spannende Geschichten.
4. Oskar liest den Klappentext eines Buches.
5. Dieser Krimi gefällt ihm.
6. Jetzt muss er nur noch seinen Leseausweis zeigen.
7. Aber den hat er zu Hause vergessen.

1. _____

2. _____

3. _____

4. _____

5. _____

6. _____

   _____

7. _____

❯ Jetzt lese ich meinen Text mit der Kontrollkarte Wort für Wort.
Falsch geschriebene Wörter schreibe ich noch einmal richtig auf:

_____

Regelwissen und Strategien helfen dir, wenn du deinen Text überprüfen willst.

> Ich schaue die falsch geschriebenen Wörter genau an, denke nach und schreibe sie richtig hinter den passenden Rechtschreibtipp.

Das geteilte Zimmer

Emma und Tina teilen sich ein Zimmer. Oft ärgert sich Emma über die ~~unordnung~~ ihrer Schwester. Tinas Bücher und Spielsachen sind über das ganze Zimmer ~~ferstreut~~. Ihr buntes ~~Sommerkleit~~ liegt unter dem Bett und im Regal stehen die schmutzigen Schuhe. Nie ~~reumt~~ Tina auf. Da hat Emma eine ~~Ide~~. Sie nimmt ihr Springseil und legt es mitten ins Zimmer. Diese Grenze darf nicht ~~überschriten~~ werden. Da klingelt Emmas Freundin an der Tür. Wie soll Emma jetzt aus dem Zimmer kommen?

Verlängere das Wort, um den Laut am Ende des Wortes besser zu hören. _____

Entscheide: kurzer oder langer Vokal? Auf einen kurzen Vokal folgen meistens zwei Konsonanten. _____

Wörter mit dem Wortbaustein [ung] sind Nomen. Du schreibst sie groß. _____

Suche ein verwandtes Wort mit **au.** _____

Zerlege das Wort. Den Wortbaustein [ver] musst du dir merken. _____

Wörter mit doppeltem Vokal musst du dir merken. _____

Mit den Lösungen vergleichen

> Ich vergleiche meine Aufgaben mit den Lösungen und markiere, was noch verbessert werden muss.

6. 11. 2018

Lieber Herr Lehmann,

die ganze Klasse 4 findet es toll, dass wir ~~ihren~~ Ihren Verlag besuchen dürfen. Wir sind sehr gespannt, was ~~sie~~ Sie uns über die Herstellung ihrer Tageszeitung erzählen und zeigen können.

Wir werden am Montag, den 10. 12. 2018, pünktlich um 15 Uhr in ihrer Redaktion sein. Besonders interessiert uns, wie die Sportseiten entstehen und woher sie die passenden Bilder bekommen.

Wir werden ihnen aufmerksam zuhören.

Viele Grüße

Nils Bucher und die Kinder der Klasse 4

der Pestalozzischule

6. 11. 2018

Lieber Herr Lehmann,

die ganze Klasse 4 findet es toll, dass wir ~~ihren~~ Ihren Verlag besuchen dürfen. Wir sind sehr gespannt, was ~~sie~~ Sie uns über die Herstellung ~~ihrer~~ Ihrer Tageszeitung erzählen und zeigen können.

Wir werden am Montag, den 10. 12. 2018, pünktlich um 15 Uhr in ~~ihrer~~ Ihrer Redaktion sein. Besonders interessiert uns, wie die Sportseiten entstehen und woher ~~sie~~ Sie die passenden Bilder bekommen.

Wir werden ~~ihnen~~ Ihnen aufmerksam zuhören.

Viele Grüße

Nils Bucher und die Kinder der Klasse 4

der Pestalozzischule

Fehler kennzeichnen und verbessern

Lies beim Korrigieren jedes Wort genau. Dann merkst du, wenn ein Buchstabe fehlt.

❯ Ich setze ein Auslassungszeichen (⋁), wenn ein Buchstabe fehlt, und füge ihn ein.

Büch⋁r

Adventskanz

Geburtstagtorte

du schimfst

Kartofflsalat

Spagelschäler

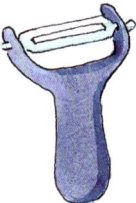

er remplt

Gaten

Spingseil

Briefmaken

Mantl

18 achzehn

aussuchn

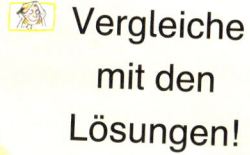
Vergleiche mit den Lösungen!

Buchstaben einfügen

Wenn du Wörter langsam und deutlich in Silben sprichst, kannst du gut prüfen, ob du alle Buchstaben aufgeschrieben hast.

> Ich setze Silbenbögen, füge die ausgelassenen Buchstaben ein und schreibe das Wort richtig auf. Dabei spreche ich in Silben mit.

Kuchengable   Kuchengabel _____

Wintereise _____

abbrechn _____

Kezenleuchter _____

Untericht _____

Kellerteppe _____

Katznfutter _____

Rasemäher _____

Marmeladengas _____

Blumntopf _____

Jahresziten _____

Klassenabeitsheft _____

Vergleiche mit den Lösungen!

> Ich lese genau und überlege, an welchen Stellen Wörter fehlen.
> Dort setze ich ein Auslassungszeichen, das ich nummeriere.
> Bei den Wörtern ergänze ich die dazugehörigen Zahlen.

Der Wasserfrosch lebt ständig im und am Wasser. Ab Oktober verkriecht ⌄¹ sich tief in Laub und Schlamm. Er bleibt dort mehrere ⌄ bewegungslos liegen. In dieser Zeit er nichts. Die Luft zum Atmen nimmt er die Haut auf. Seine Winterruhe endet im Frühling. Die ersten warmen Tage verwandeln den starren Frosch in ein Tier am Teich. Bald er wieder laut quaken. Dann kann man ihn den Seerosenblättern sitzen sehen und beim von Insekten beobachten.

Diese Wörter fehlen:

⌄¹ er   ⌄ auf   ⌄ Monate

⌄ über   ⌄ wird

⌄ frisst

⌄ Jagen   ⌄ springlebendiges

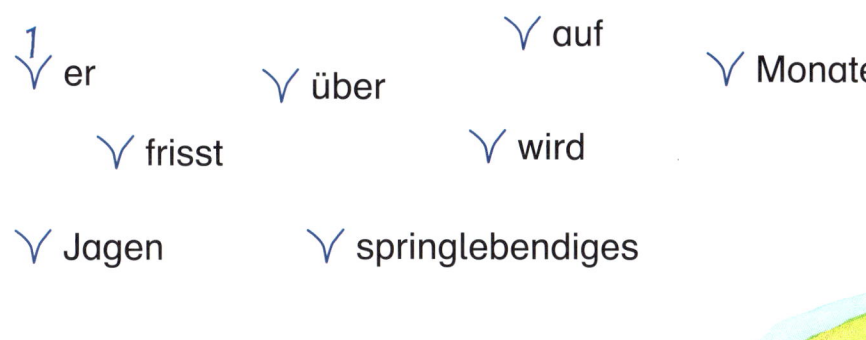

Falsch geschriebene Wörter durchstreichen

Wenn du erkannt hast, dass ein Wort falsch geschrieben ist, streichst du es durch und schreibst es richtig darüber.

> Jeder Satz enthält zwei Fehler. Ich suche und verbessere sie.

Viele
~~Fiele~~ Menschen halten in ihrer Wonung ein Tier. ((

Katzen und Hunde zälen zu den belibtesten Haustieren. ( )

Sie sint aber nicht überal erlaubt.) (

Hamster und Meerschweinschen darf man fast in)

jeder wohnung halten. (

Welensittiche stören auch keine Nachtbarschaft. ( )

Auch fische gehöhren zu den ruhigen Haustieren.) (

Gereuschlos gleiten sie druch das Wasser. ( )

Aber streicheln kan man sie lieder nicht. ( )

 Vergleiche mit den Lösungen oder schlage nach.

Vogelalarm

Amseln köen besonders schön singen. _____

Am Abend se_____zen sie sich gern auf _____

einen hohen Baum, auf Ante_____en oder _____

Blitzableiter und flöten die schönsten Lieder.

Aber wehe, we_____sie Junge haben! _____

Dann geht das Gezwi_____scher los. _____

Mit viel Lärm verteidigen die Amseleltern

ihre Bru____. _____

Erst wenn die Jungen fl_____gen können, _____

wird es wieder sti_____im Amselnest. _____

1. Ich lese den Text und überlege, was im Text steht.

2. Ich schlage die unvollständigen Wörter im Wörterbuch nach und trage sie ein.

3. Ich schreibe den Text ab oder lasse ihn mir diktieren.

4. Ich kontrolliere mit der Kontrollkarte und verbessere Fehler.

Lösungen S. 8–16

 **Mitsprechen**

Seite 8

MELONENKERNE
GEMÜSEKISTE
KÄSETORTENBODEN
ELEFANTENKINDER
GARTENBLUMENERDE
REGENWOLKEN
KINDERWAGENRÄDER

Seite 9

IM REPTILIENHAUS LEBEN
SCHLANGEN, KROKODILE
UND SCHILDKRÖTEN.

Seite 10

ein~~z~~en, Kana~~o~~rienvogel, zwitsch~~g~~ert,
gan~~e~~zen, Sänger~~l~~, ~~k~~laut, heu~~ø~~te, so~~f~~gar,
Staub~~i~~sauger, übertön~~g~~en

einen, Kanarienvogel, zwitschert, ganzen,
Sänger, laut, heute, sogar, Staubsauger,
übertönen

Lösungswort: Vogelkäfig

Seite 11

ARMBRUCH, TROPFEN, BROT, GRAU,
GARTEN, STRAND, ZITRONE,
SIEGERKRANZ, GRÜNPFLANZE,
LANDKARTE, APRIKOSE

Seite 12

Wolkenkratzer – Wol-ken-krat-zer

Kartoffelpuffer – Kar-tof-fel-puf-fer

Regenbogenfarben – Re-gen-bo-gen-far-ben

Apfelkuchenduft – Ap-fel-ku-chen-duft

Schokoladenfabrik – Scho-ko-la-den-fa-brik

Sommersprossen – Som-mer-spros-sen

Sandkastenkinder – Sand-kas-ten-kin-der

Klassenkasse – Klas-sen-kas-se

Feuersalamander – Feu-er-sa-la-man-der

Waschmaschinengeräusche –
Wasch-ma-schi-nen-ge-räu-sche

Elefantenkinder – E-le-fan-ten-kin-der

Kinderwagenräder – Kin-der-wa-gen-rä-der

Seite 13

Scho ko la de, Schmet ter ling, Hund,
Ta schen lam pe, Gi raf fe, Se gel schif fe,
Ta schen rech ner, Pup pen bet ten,
Son nen bril le, Bi ki ni ho se, Hut,
Blu men töp fe

Seite 14

Kamelhöcker

Tomatensalat

Kellertreppe

Blumenvase

Bademütze

Nudelsuppe

Seite 15

Sp/sp:
spritzen, Sport, Spinne, Sprache, sprechen,
spielen
St/st:
Stern, staunen
Qu/qu:
Quelle, Quadrat, Qualm, quaken, Quiz,
Quark

Seite 16

Es gehören nicht dazu:
T/t: Dachs
K/k: Glas, Glocke
P/p: Brett, Brille

Seite 17 Diktat

Wasseralarm

Im Zirkus gehen Elefantenkinder im Kreis.

Sie holen mit den Rüsseln Hüte aus den

Kisten.

Die Zylinder werfen sie zu den Affen.

Der Zirkusdirektor und sein Helfer stellen

ein Becken auf.

Jetzt bespritzen die Elefanten die

Zuschauer mit Wasser.

Mara und Hanna sitzen auf der Tribüne.

Sie schreien laut und klatschen.

 **Nachdenken**

Seite 20

Kann ich anfassen:
die Katze, die Tulpe, das Holz, das Wasser
Kann ich sehen oder zählen:
die Katze, die Tulpe, die Wolke, der Stern,
der Unfall, der Sieg, das Holz, das Wasser,
der Weltraum
Kann ich fühlen oder empfinden:
die Wut, der Schmerz, die Liebe,
der Hunger, die Freude
Kann ich mir vorstellen, zum Beispiel:
Weihnachten, die Ferien, der Weltraum

Seite 21

	Es ist ein Eigenname.	Es gibt einen Artikel zu dem Wort.	Ich kann die Mehrzahl bilden.	Es enthält den Wortbaustein -keit, -heit oder -ung.
Schmidt	X			
oft				
Eltern		X		
Franziska	X			
Freiheit		X	X	X
vielleicht				
Ärger		X		
Ewigkeit		X	X	X
Obst		X		
Enttäuschung		X	X	X
über				
Wüste		X	X	
verliebt				
Holz		X	X	

Seite 22

Freude im Hasenkäfig

Nike freut sich auf ihre beiden Hasen. In den Ferien hat Oma auf sie aufgepasst. Sie steht schon vor der Tür und ruft: „Komm schnell rein, mit deiner Mimi ist etwas passiert!" Nikes Herz klopft. Sie kriegt Angst. Ist Mimi krank? Nike rennt ins Haus und läuft zum Käfig. Aber der ist leer. Da bewegt sich das Heu. „Oh, wie süß! So eine Überraschung!", ruft Nike begeistert. Oma grinst und fragt: „Darf ich eines der Hasenbabys behalten?"

Seite 23

Hund – Hun de, Sieb – Sie be,

Rad – Rä der, Burg – Bur gen,

Berg – Ber ge, Korb – Kör be, Sieg – Sie ge,

Hemd – Hem den, Brand – Brän de,

Flug – Flü ge, Dieb – Die be

Lösungen S. 24–28

Seite 24

klü ger, wil der, blon der, frem der, trü ber,

mil der, mu ti ger, ge sün der, läs ti ger

flie gen	also	**g**
ü ben	also	**b**
blei ben	also	**b**
schie ben	also	**b**
schrei ben	also	**b**
mö gen	also	**g**
sau gen	also	**g**
zei gen	also	**g**

Seite 25

	Mehrzahl bilden	Grundform bilden	Vergleichsstufe bilden
rund			X
es klebt		X	
der Ausflug	X		
schräg			X
das Pferd	X		
sie lag		X	
du trägst		X	
der Rand	X		
sie fragte		X	
wund			X
sie log		X	
der Korb	X		
lieb			X
grob			X
der Tag	X		

Seite 26

rauben: die Räuberhöhle, die Räuber, räuberisch, die Räuberbande
der Traum: die Träumerin, träumerisch, verträumt, träumen

kalt: erkältet, die Kälte, die Erkältung, der Kälteeinbruch
der Raum: räumlich, das Räumchen, aufräumen, die Wohnräume
raten: das Rätsel, der Verräter, die Rätselecke, rätselhaft
klar: aufgeklärt, erklären, die Kläranlage, die Erklärung

Seite 27

zum Beispiel:
Räuber – rauben, ärmlich – arm,
täglich – Tag, Äste – Ast,
Kälte – kalt, trägt – tragen,
schläft – schlafen, Läuse – Laus,
Nächte – Nacht, Zäune – Zaun,
Häuser – Haus, Wärme – warm

Seite 28

kurz:
Wolke, Hütte, Katze, schwimmen, Schiffe,
trennen, Tante, stolpern, offen, fassen,
Fenster, Gänse, Welle, Kinder

lang:
treten, Schale, Ofen, Kabel, Miete,
Regen, Biene, Käfer, blöken, baden,
Träne, Hüte, Flöte, leben

Mir fällt auf, dass nach einem kurzen Vokal mindestens zwei Konsonanten folgen.

Seite 29

	Zwei verschiedene Konsonanten	Zwei gleiche Konsonanten	Wort
		X	Tel ler
	X		Kis te
		X	Schlüs sel
		X	Hüt te
		X	Bril le
	X		Lam pe
	X		Korb
	X		Tul pe
		X	Schwamm
	X		Stem pel
		X	Wol le
	X		Wol ke
		X	Pfan ne
	X		Herz

Seite 30

das **Ver**trauen, **ver**kleiden, **ver**liebt, schul**dig**, das **Vor**urteil, **vor**gestern, die **Ent**täuschung, **ent**decken, das **Un**glück, **un**fair, die **An**reise, **an**nehmen, die **Ab**fahrt, **ab**seits, die Frei**heit**, die **Ver**packung, die Fröhlich**keit**, mu**tig**, ehr**lich**, **ver**räterisch

Seite 31

Vor|rat, ver|regnet, aus|sprechen, ab|brechen, An|nahmestelle, Auf|fahrt, Ver|renkung, be|erdigen, an|nähen, ver|renken, an|nehmen, Aus|sage, Aus|stieg, Ab|biegung, Vor|runde, ab|bremsen, Ent|täuschung, be|enden, Be|erdigung, Aus|sicht, Ver|rat, ab|brennen

Mir fällt auf, dass bei der Verbindung zwei gleiche Buchstaben zusammenstoßen.

Seite 32

zum Beispiel:
Nomen: die Verkleidung, die Enttäuschung, das Verbrechen, die Vertretung, die Bekleidung, die Berechnung, die Berührung, die Beratung, die Abrechnung, die Ablehnung, die Endlichkeit, die Redlichkeit, die Verliebtheit
Verben: entkleiden, entlehnen, enttäuschen, enterben, entrosten, verkleiden, verrechnen, verlieben, vertreten, verrühren, verraten, bekleiden, berechnen, beenden, beerben, betreten, bereden, berühren, beraten, abrechnen, ablehnen, abbrechen, abtreten, abblasen, abraten
Adjektive: lieblich, rostig, rührig, endlich, redlich, erblich

Seite 33 Diktat

– **Verlängern:**
aufregend – aufregender, mutig – mutiger

– **Verwandte suchen:**
schwärmt – Schwarm, kämpfen – Kampf

– **Zerlegen:**
Aus bild ung , be end et

– **Den langen und kurzen Vokal unterscheiden:**
schwimmt – schwimmen, Ritter – Ritter, stellten – stellen, Knappe – Knappe

Lösungen S. 36–49

 **Merken**

Seite 36

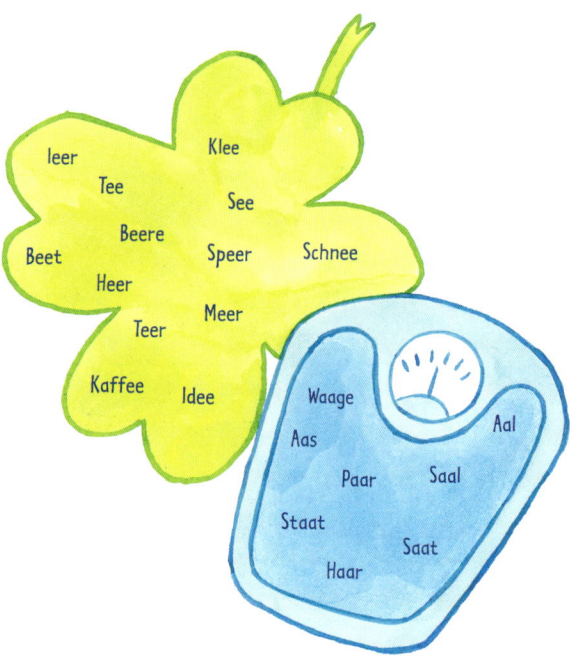

leer, Klee, Tee, See, Beere, Beet, Speer, Schnee, Heer, Teer, Meer, Kaffee, Idee

Waage, Aas, Aal, Paar, Saal, Staat, Saat, Haar

Seite 38

Nomen: Zähler, Zahlwort, Zahlung, Zahlungsmittel, Zahlenfolge, Einzahl, Nachbarzahl, Zahlenkombination
Verb: auszählen, auszahlen, bezahlen, verzählen, abzählen, zählen
Adjektiv: zählbar, zahlreich, unzählig, zahllos

Seite 39

ah/äh: Hahn, Jahr, ähnlich, kahl, Gefahr, wählen
eh: Lehrerin, zehn, mehr, nehmen, Verkehr, ehrlich
oh/öh: Bohne, Höhle, wohnen, ohne, Söhne, froh, Floh
uh/üh: Stuhl, Uhr, Bühne, berühmt, fühlen, früh

Seite 40

Personalformen: wohnen – ich wohne, du wohnst, er/sie/es wohnt, wir wohnen, ihr wohnt, sie wohnen

Mehrzahl und verwandte Wörter, zum Beispiel: der Vogel, die Vögel, das Vogelhaus, die Vogelstimme, das Vogelnest, der Vogelbauer
1. und 2. Vergleichsstufe und verwandte Wörter: groß, größer, am größten;
zum Beispiel: die Größe, die Großeltern, großzügig, großartig

Seite 42

Reimwörter: Paar; Tiger (oder: Igel); Dachs und Lachs, Fuchs und Luchs, Echse und Ochse

 **Nachschlagen**

Seite 46

C, D, G, H, I, K, L, N, Q, T, V, W, Z
zum Beispiel: MEIN THEMA: Tiere
Aal, **B**är, **C**hamäleon, **D**achs, **E**sel, **F**uchs, **G**iraffe, **H**ase, **I**gel, **J**aguar, **K**äfer, **L**öwe, **M**aulwurf, **N**ilpferd, **O**chse, **P**ferd, **Q**ualle, **R**atte, **S**torch, **T**iger, **U**nke, **V**ogel, **W**al, **Y**ak, **Z**ebra. Ein Tier mit **X** gibt es nicht.

Seite 47

vorne: Bus, Domino, Füller, Hubschrauber, Gebiss
in der Mitte: Krokodil, Nuss, Roboter, Leiter
hinten: Trampolin, Welle, Zitrone

Seite 48

Wenn du „Das Grundschulwörterbuch" von Duden benutzt, findest du die Wörter auf diesen Seiten: die **A**ngst: 41, **d**oof: 65, **h**erein: 101, das **H**uhn: 104, das **K**lavier: 113, **l**ieben: 124, die **M**ütze: 135, **n**ach: 135, der **O**fen: 141, die **S**chiedsrichterin: 166, der **S**chlitten: 168, der **T**raum: 197, das **U**-Boot: 201, **v**erlieren: 209

Seite 49

Pudel, Puffer, Puls, Pulver, pummelig, Punkt, Puppe, Püree, pusten

Lösungen

Seite 50

Finde ich das Wort unter V/v oder F/f?

f ort	○	⊗
v erlieren	⊗	○
V ogel	⊗	○
F reude	○	⊗
V olk	⊗	○

Finde ich das Wort unter V oder W?

V ideo	⊗	○
V ampir	⊗	○
W eizen	○	⊗
W affel	○	⊗
V ase	⊗	○

Finde ich das Wort unter C oder K?

C lown	⊗	○
K arussell	○	⊗
C omic	⊗	○
K okosnuss	○	⊗
C ampingplatz	⊗	○

Finde ich das Wort unter Ph oder F?

Ph arao	⊗	○
F ontäne	○	⊗
Ph antom	⊗	○
F ilz	○	⊗
Ph ysik	⊗	○

Seite 51

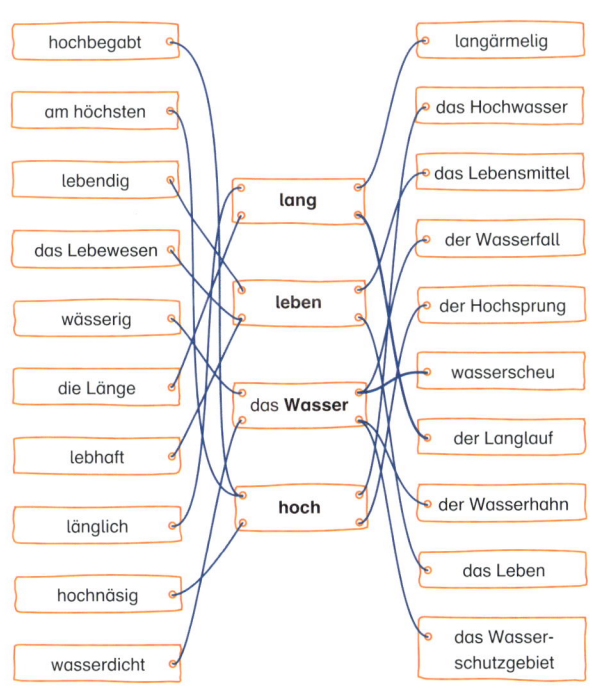

hochbegabt		langärmelig
am höchsten		das Hochwasser
lebendig	**lang**	das Lebensmittel
das Lebewesen		der Wasserfall
wässerig	**leben**	der Hochsprung
die Länge		wasserscheu
lebhaft	das **Wasser**	der Langlauf
länglich		der Wasserhahn
hochnäsig	**hoch**	das Leben
wasserdicht		das Wasser-schutzgebiet

Seite 52

das Album – die Alben, der Arzt – die Ärzte, der Atlas – die Atlanten, der Ausgang – die Ausgänge, die Freundin – die Freundinnen, der Globus – die Globen, der Kaktus – die Kakteen, der Kran – die Kräne, der Kürbis – die Kürbisse, das Lexikon – die Lexika, das Museum – die Museen, der Ofen – die Öfen, die Pizza – die Pizzen, der Zaun – die Zäune, das Zeugnis – die Zeugnisse

Seite 53

Wenn du „Das Grundschulwörterbuch" von Duden benutzt, findest du die Grundformen auf diesen Seiten:
lesen: 123, ziehen: 229, wissen: 224, kommen: 115, essen: 77, kriechen: 118, fliegen: 82, sehen: 176, treten: 197, sitzen: 178, waschen: 219, frieren: 85, fangen: 79, vergessen: 208

Seite 54

groß, stark, riesig, alt, lang, hoch, tief, klein, dick, gut

Seite 55

SOMMER|REISE|ZIELE

HIMBEER|MARMELADEN|GLAS|SCHERBEN

SONNEN|SCHUTZ|CREME|TUBEN|DECKEL

HANDBALL|WELT|MEISTERIN

SPEISE|QUARK|ZUBEREITUNG

LIEDER|BUCH|SEITE

GOLD|HAMSTER|FELL|FARBE

Lösungen S. 56–64

Seite 56

Wenn du „Das Grundschulwörterbuch" von Duden benutzt, findest du die Wörter auf diesen Seiten:

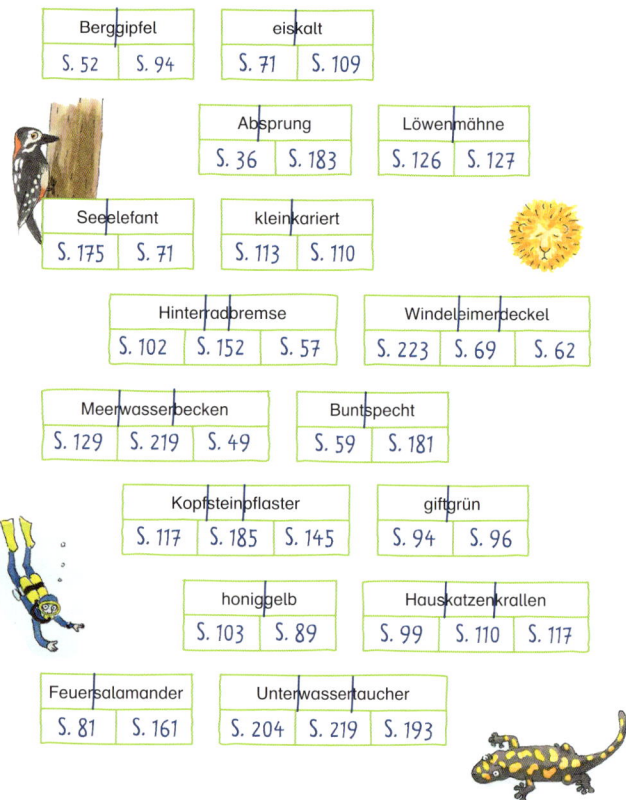

Berggipfel		eiskalt	
S. 52	S. 94	S. 71	S. 109

Absprung		Löwenmähne	
S. 36	S. 183	S. 126	S. 127

Seeelefant		kleinkariert	
S. 175	S. 71	S. 113	S. 110

Hinterradbremse			Windeleimerdeckel		
S. 102	S. 152	S. 57	S. 223	S. 69	S. 62

Meerwasserbecken			Buntspecht	
S. 129	S. 219	S. 49	S. 59	S. 181

Kopfsteinpflaster			giftgrün	
S. 117	S. 185	S. 145	S. 94	S. 96

honiggelb		Hauskatzenkrallen		
S. 103	S. 89	S. 99	S. 110	S. 117

Feuersalamander		Unterwassertaucher		
S. 81	S. 161	S. 204	S. 219	S. 193

Mir fällt auf, dass die einzelnen Wörter bei der Zusammensetzung erhalten bleiben.

Seite 57

Wenn du „Das Grundschulwörterbuch" von Duden benutzt, sieht so die Lösung aus:

ja: Umleitung, Entwarnung, loslassen, Abfahrt, verschieben, entführen, umleiten, Zufall, verirren

nein: verschmieren ➜ schmieren, Zufahrt ➜ Fahrt, enterben ➜ erben, zerfließen ➜ fließen, aufstehen ➜ stehen, ungemütlich ➜ gemütlich, zuzwinkern ➜ zwinkern

Seite 58

Xylofon, Karussell, Satellit, Marionette, Quadrat, Spagat, Labyrinth, Jalousie, Zylinder, Shampoo, Hyazinthe, Hydrant

Seite 59 Diktat

Vier, Zebra, Giraffen, quer, Pinguin, Bauch, Aquarium, Qualle, zehn, Schlange, Zunge

Kontrollieren

Seite 63

Ich verlängere das Wort, um den Laut am Ende des Wortes besser zu hören: Sommerkleid – Sommerklei**d**er

Ich entscheide: kurzer oder langer Vokal? Auf einen kurzen Vokal folgen meistens zwei Konsonanten: überschri**tt**en

Wörter mit dem Wortbaustein [ung] sind Nomen. Ich schreibe sie groß: Unordn**ung**

Ich suche ein verwandtes Wort mit **au**: r**äu**mt – der R**au**m

Ich zerlege das Wort. Den Wortbaustein [ver] muss ich mir merken: **ver**streut

Wörter mit doppeltem Vokal muss ich mir merken: Id**ee**

Seite 64

6. 11. 2018

Lieber Herr Lehmann,

die ganze Klasse 4 findet es toll, dass wir ~~ihren~~ Ihren Verlag besuchen dürfen. Wir sind sehr gespannt, was ~~sie~~ Sie uns über die Herstellung ~~ihrer~~ Ihrer Tageszeitung erzählen und zeigen können.

Wir werden am Montag, den 10. 12. 2018, pünktlich um 15 Uhr in ~~ihrer~~ Ihrer Redaktion sein. Besonders interessiert uns, wie die Sportseiten entstehen und woher ~~sie~~ Sie die passenden Bilder bekommen. Wir werden ~~ihnen~~ Ihnen aufmerksam zuhören.

Viele Grüße

Nils Bucher und die Kinder der Klasse 4

der Pestalozzischule

Seite 65

Büch_e_r, Adventsk_r_anz, Geburtstag_s_torte,
du schim_p_fst, Kartoff_e_lsalat, Spa_r_gelschäler,
er remp_e_lt, Ga_r_ten, Briefma_r_ken, Sp_r_ingseil,
Mant_e_l, ach_t_zehn, aussuch_e_n

Seite 66

Kuchengab_e_l – Kuchengabel

Winter_r_eise – Winterreise

abbrech_e_n – abbrechen

Ke_r_zenleuchter – Kerzenleuchter

Unter_r_icht – Unterricht

Kellert_r_eppe – Kellertreppe

Katz_e_nfutter – Katzenfutter

Rase_n_mäher – Rasenmäher

Marmeladeng_l_as – Marmeladenglas

Blum_e_ntopf – Blumentopf

Jahresz_e_iten – Jahreszeiten

Klassena_r_beitsheft – Klassenarbeitsheft

Seite 67

Der Wasserfrosch lebt ständig im und am Wasser. Ab Oktober verkriecht sich tief in Laub und Schlamm. Er bleibt dort mehrere bewegungslos liegen. In dieser Zeit er nichts. Die Luft zum Atmen nimmt er die Haut auf. Seine Winterruhe endet im Frühling. Die ersten warmen Tage verwandeln den starren Frosch in ein Tier am Teich. Bald er wieder laut quaken. Dann kann man ihn den Seerosenblättern sitzen sehen und beim von Insekten beobachten.

1 er, 2 Monate, 3 frisst, 4 über, 5 springlebendiges, 6 wird, 7 auf, 8 Jagen

Seite 68

Viele (Fiele) Menschen halten in ihrer Wohnung (Wonung) ein Tier.

Katzen und Hunde zählen (zälen) zu den beliebtesten (belibtesten) Haustieren.

Sie sind (sint) aber nicht überall (überat) erlaubt.

Hamster und Meerschweinchen (Meerschweinchen) darf man fast in jeder Wohnung (wohnung) halten.

Wellensittiche (Welensittiche) stören auch keine Nachbarschaft (Nachtbarschaft).

Auch Fische (fische) gehören (gehöhren) zu den ruhigen Haustieren.

Geräuschlos (Gereuschlos) gleiten sie durch (druch) das Wasser.

Aber streicheln kann (kan) man sie leider (lieder) nicht.

Seite 69 Diktat

können, setzen, Antennen, wenn, Gezwitscher, Brut, fliegen, still

Fachbegriffe

Vokal	Selbstlaut	a, e, i, o, u
Konsonant	Mitlaut	b, c, d, f, g, h, j, k, l, m, n, p, q, r, s, t, v, w, x, y, z
Umlaut		ä, ö, ü
Doppellaut		ei, ai, au, äu, eu

Nomen, Substantiv	Namenwort	Übung
Artikel	Begleiter	der, die, das, ein, eine
Singular	Einzahl	die Übung
Plural	Mehrzahl	die Übungen

Pronomen	Fürwort	sie, ihr …

Verb	Tuwort, Tunwort	
Grundform		turnen
Personalform		ich turne, du turnst …

Adjektiv	Wiewort	
Grundstufe		schwierig
1. Vergleichsstufe		schwieriger
2. Vergleichsstufe		am schwierigsten

Grundwort	spielen ← spielerisch, das Spiel, verspielt

Wortbausteine	[ver] nünft [ig], [Ent] täusch [ung]

78

Kontrollkarte zum Ausschneiden

Schneide die Karte aus, falte sie an der gestrichelten Linie und klebe die unbedruckten Seiten zusammen.

Deine fertige Kontrollkarte kannst du als Lesezeichen in dein Übungsbuch legen, dann hast du sie immer gleich zur Hand, wenn du sie brauchst.

→ 1. Ich lese den ganzen Text von vorne nach hinten.

Fehlt ein Wort?
Fehlt ein Satzzeichen?
Ist jeder Satz sinnvoll?

Fehlt ein Buchstabe?
Stimmt die Reihenfolge der Buchstaben?
Ich markiere Wörter, bei denen ich unsicher bin.

2. Ich lese Wort für Wort von hinten nach vorne. ←

Kontrollkarte

1. → Ich lese den ganzen Text von vorne nach hinten.

Fehlt ein Wort?
Fehlt ein Satzzeichen?
Ist jeder Satz sinnvoll?

2. → Ich lese Wort für Wort von hinten nach vorne.

Fehlt ein Buchstabe?
Stimmt die Reihenfolge der Buchstaben?
Ich markiere Wörter, bei denen ich unsicher bin.

3. → Ich prüfe die markierten Wörter.

Ist das Wort ein Nomen?
Kann ich das Wort verlängern?
Kann ich das Wort zerlegen?
Gibt es ein verwandtes Wort?

4. → Ich schlage im Wörterbuch nach, wenn ich mir nicht sicher bin.

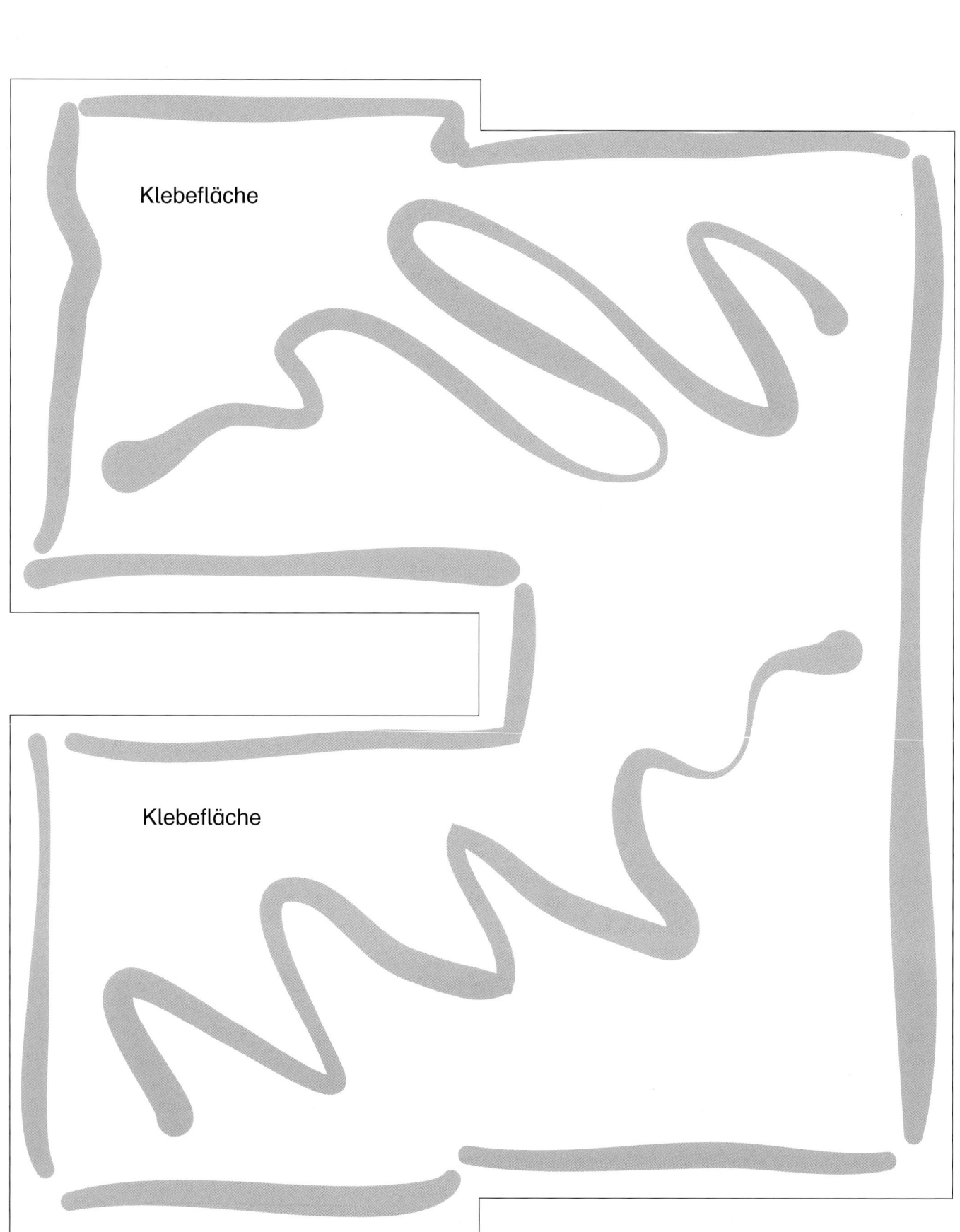

Klebefläche

Klebefläche